14歳の教室

どう読み
どう生きるか

若松英輔

NHK出版

14歳の教室　どう読みどう生きるか

目次

はじめに

出来上がってみると、この本がいくつものはたらきに支えられて生まれてきたことに気が付きます。

この本のもとになったのは、二〇一九年六月から二〇二〇年二月まで、筑波大学附属中学校の三年生に、七回にわたって行った授業でした。各回九十分、四十五分を連続二回で行いました。

何とも命名できない授業でした。

ただ、学び、考え、自分を見つめるときにどうしても必要ないくつかのことを改めて考えてみる、という主題は、最初からありました。

教室に集まってくれた生徒たちは、この授業に参加したいと意思表示をした人たちでしたから、たとえ発言しなくても、その姿を見ているだけで、それぞれの胸のうちに、ゆるがせにできない問いがあることは最初の授業からはっきり伝わってきました。

第1講の「おもう」から最終講の「対話する」まで、章の名前はすべて動詞になっています。これは最初からこのような構成になっていたのではなく、生徒たちとの交わりのなかでおのずとそうなっていきました。

本文でもふれていますが、この世界は外的にも、そして、私たちのからだも、こころのなかもつねに動いています。ですから、本当のことを考えるためには、動いているものを動いているままに、動きながら考えることが求められます。

しかし、人は情報や知識をたくさん蓄《たくわ》えるとなぜか、世界も自分も、あるいは人との関係も止まったもののように考えてしまうようなのです。

この本は、こうした「考える罠《わな》」からどのようにしたら自由になれるのかを生徒のみんなとともに考えた記録です。

本の文字を書いたのは私ですが、私に言葉や、言葉にならないおもいや問いを託《たく》してくれたのは生徒たちです。

彼、彼女たちは、耳には聞こえない声と目には見えない文字で、この本に深く、そして重要な役割を担って参加しています。

こうして一冊の本として世に送り出そうとするときになって、あの場からもっとも大きな恩恵を蒙《こうむ》ることができたのは、教師の役割を担った私だったのではないかとも思います。

そして、この本を読もうとしている若い人たち、あるいは内なる若者の眼で読もうとしている大人の人たちによって、この本がさらに豊かに育っていくことを願わずにはいられません。

第1講

おもう

動的に考える

この授業を通じて、皆さんに一つだけお願いしたい「態度」があります。真面目に授業に参加してください、ということではありません。それは、物事を動的に考えるということです。

どういうことかというと、何かを考えるときに、物事が止まっているようにとらえるのではなく、動いているようにとらえようとすることです。

皆さんも教科書で読んだことがあると思うのですが、鴨長明《かものちょうめい》（一一五五〜一二一六）が書いた『方丈記』の冒頭には次のような一節があります。

> ゆく河のながれは絶えずして、しかも、もとの水にあらず。よどみに浮かぶうたかたは、かつ消え、かつむすびて、久しくとどまりたるためしなし。
>
> （『方丈記』浅見和彦校訂・訳）

とてもよく知られている文章です。河の流れは止まることなく、動いていて、いつも異なる水が流れている。同じ水などというものはない、というのです。「河」は、しばしば人生にたとえられます。この一節を深く味わえているとき、もう一つの「河」が私たちの心のなかで動くのが分かると思います。そして鴨長明がいうように止まることはありません。

　しかし、私たちが「河」を「あたま」だけでとらえようとするとき、静止画のように「河」が止まってしまうことがある。止まった河を写真で見ることはできます。しかし、私たちが、本当に写真を味わうことができたとき、「河」はやはり動くのだと思います。

　写真であっても、優れた一枚は、止まっている河を見せることによって、私たちの「動的感覚」を呼び覚まします。絵画も同じです。絵は止まっている。しかし、その止まったものを見て、私たちの心は、かえって強く動くのです。不思議なことです。でも、本当のことです。

君たちに求められること

私たちのなかには、さまざまな「感覚」があります。五感（見る、聞く、嗅《か》ぐ、味わう、ふれる）は皆さんもすでに知っていると思います。しかし、人間の感覚はこの五つだけでしょうか。生活を深く感じ直してみると、まだまだ眠れる感覚があることに気が付きます。

たとえば、「感じる」とはそもそもどのような営みなのかを考えてみましょう。現代ではあまり使いませんが、「感く」と書いて「うごく」と読みます。「感」は、目には見えない心が「うごく」さまを示す言葉なのです。

ここでいう「動的」とは、目に見えるものが動くだけでなく、目には見えないものが「感く」ことも含みます。なぜ、「うごく」ように考えるのが大切かというと、世界は一瞬たりとも止まることなく「うごいて」いるからです。

別の言い方をすれば、地球ができてから一度も経験されたことのない出来事が、実は

「止まる」ということだからです。地球は常に動いているし、皆さんが寝ていても身体は動いていますよね。起きているとき、皆さんがじっとしていても、頭のなかにはいろんな思いが動いています。

世界は、止まっているように感じても常に動いています。だから、私たちは本当のことを考えようと思ったときに、静止的に、止まっているように考えるのではなくて、動的に考えなければいけません。

静止的ではなくて、動的に考える。だから、私が皆さんと深めていきたいのは、「考え」「思い」という静止的な名詞ではなく、「考える」「思う」という動詞なのです。つまり、考えるとはどういうことか、思うとはどういうことか、ということを深めていきたいのです。

「読む」ということは、皆さんにとって当たり前のおこないになっているかもしれません。でも、この授業では改めて、「何を読むのか」よりも先に「読むとは何か」という問いを深めてほしいのです。

問いの立て方に少し注意してみましょう。「何を食べるか」ではなくて「食べるとは何か」を問うのです。「何を見るのか」ではなくて、「見るとは何か」を考えるのです。このように、動詞を自分のなかで育てていくということを、皆さんと一緒にこの授業で試みたいのです。

皆さんは生きることで、ひとつひとつの言葉を自分のものにしていきます。言葉は、自分で人生を生きることによって自分のものになっていきます。

そのような、皆さんが感じている言葉の意味は、辞書を開いても載《の》っていないことがあるかもしれません。辞書を開いて、ある程度は意味が重なっているけれど、まったく重なることはない。

次の授業で詳しく話しますが、私たちは言葉を「記号の世界」と「意味の世界」という二つの大きな層で理解しています。

「記号」は誰が見ても同じです。しかし、「意味」は違います。君たちが求められているのは、世の中で使われている言葉というものを、「あたま」で理解することに加えて、自分で生きた言葉を「こころ」に刻んで、血肉化していくことです。血となし、肉となしていくことが求められているのです。

　これからの君たちは、同じ言葉を読みながら、この二つの層を同時に生きることを求められます。

「これから」というのは、年を経て、皆さんが社会に出たら、ということです。社会とは、常にその大きな二つの層のなかで、同じ言葉を違うかたちで使っています。それがどういうことか、ということを、この授業を通して皆さんと考えてみたいと思うのです。

本当のことは易しい

　まず、皆さんと読んでみたい本は、池田《いけだ》晶子《あきこ》（一九六〇〜二〇〇七）という哲学者が書いた『14歳からの哲学　考えるための教科書』です。この人物は、二〇〇七年に亡くなりました。私は亡くなった日のことを今でも覚えています。

　私は、彼女に読んでほしくて、文章を書き始めました。ある文学賞をもらったときに、「ああ、これで池田さんに文章を読んでもらえるな」と思ったら、その数カ月後に亡くなってしまったのです。ですから、今でも池田さんに向けて文章を書いているようなところがあります。

一般的に、池田晶子は「難しいことを易《やさ》しく語った」といわれています。でもおそらく、池田さんが伝えたかったのは、そんなことではなかったと思います。彼女があるとき、気がついたのは、「本当のことは易しい」ということなのです。難しいことを易しく語ったのではなくて、本当のことは易しいという事実を、池田さんは私たちに教えてくれているんだと思います。

ただ易しく書かれているということと、それが簡単だということは違います。易しく書かれていることが簡単ではない。これは当たり前ですね。

たとえば、「大切なことは生きて、経験してみなければ分からない」、この一文はとても平易です。しかし、これを実践するために私たちはときに、ある時期、自分の全身全霊を賭《と》してみなくてはなりません。

ですので、皆さんに池田晶子の言葉を読みながら感じてほしいのは、「あたま」で分かるということと、それが私たちの「からだ」に入ってくるということは別だ、ということです。「あたま」で分かったということと、それを本当に分かったということとは違う次元の出来事なのです。こうしたことをふまえながら、池田さんの言葉を読んでみたい、と思うのです。

「おもい」のちから

それではさっそく、読んでみましょう。

ひょっとしたら、誰かは気がついたかもしれない。生きていることが素晴らしいかつまらないかということは、つまり、その人がそう思っているということなんだろうか。その人が素晴らしいとかつまらないとか思っているから、生きていることは素晴らしかったりつまらなかったりしているんだろうか。つまり、自分がそう思っているから、そうなっているってことなんだろうか。

そうだ、その通りなんだ。生きていることが素晴らしかったりつまらなかったりするのは、自分がそれを素晴らしいと思ったり、つまらないと思ったりしているからなんだ。だって、自分がそう思うのでなければ、いったい他の誰が、自分の代わりにそう思うことができるのだろうか。

（『14歳からの哲学　考えるための教科書』）

先ほどもいいましたが、こういう文章を読むときには動詞に注目して読んでみるのです。書かれている事実に注目するのではなくて、描かれている意味の「流れ」をつかむのです。

先ほど『方丈記』の動く「河」の話をしました。優れた文章は「動いて」います。ですから、それを「止めて」解析したり、分析したりすると深く読めなくなることがあります。

今の文章で試してみましょう。

この文章に「思う」という言葉があります。そこで「おもう」という言葉をなるべく多くの漢字にしてみてください。たとえば、「思う」のほかに「想う」という文字が思い浮かぶのではないかと思います。しかし、なるべく多くということは、もちろん、一つや二つではありません。このあとがなかなか難しいのです。

今、皆さんと考えているのは「おもい」のちからについてです。

今、「おもいのちから」とひらがなで書いています。これを「思いの力」と書くと、それは「おもいのちから」ではなくなります。漢字というのは本当によくできていて、その言葉の一つの側面をとてもよく表してくれます。そのいっぽうで、ある意味を強調する、ときには限定するというはたらきがあります。

逆にひらがなで書くとその「限定の壁」に窓が開くような感覚があります。漢字とひらがな、それぞれの意味を感じ分け、使い分けられるようになっていきましょう。

さて、「おもい」のちからを考えるときに、「おもうとは何か」が分からなければ、「おもい」のちからを出しようがない。この「おもい」のちから、「おもう」ちからは私たちの人生を変えてくれます。

この「おもう」ちからというのは、皆さんがいま使っているものです。「おもうってなんだろう」と一生懸命考えている。あの人は何をいっているんだろう、と考える。思考のちからです。

つまり、「おもい」のちからとは、皆さんの「おもい」を遠くに飛ばしたり、もしくは過去のことを考えたり、今ここに存在し得ないことを考えるちからのことなのです。

素朴な言葉を感じ直す

ひらがなで「おもう」と書く。この、ひらがなのちからというのもすごい。私たちが「思う」と書くのと、「おもう」と書くのでは、意味が違ってきます。

私は新潟県の生まれです。そんな私が「いま新潟のことを思っているんです」と書く文章と、「いま新潟のことをおもっているんです」と書く文章では語感が違います。

過去のことを思うことを「懐古《かいこ》する」といいますよね。これも「おもう（懐う）」です。いたるところに「おもう」が隠れている。

こころに秘めた人を「恋う」。

大切な人の無事を「念う」。

人間を超えた者の存在を「惟う」。
十年前のあの日を今日のことのように「憶う」。
小学生だった頃を「顧う」。
あの人の心にある痛みを「忖う」。

これらはすべて「おもう」です。遠慮というときの「慮」も「おもう（慮う）」と読むという人もいます。

ここで大切なのは、「おもう」という漢字をたくさん知ることではありません。それよりも、「おもう」という日々使っているたいへん素《そ》樸《ぼく》な言葉についてさえも、あまりよく分かっていないという事実を感じ直すことです。よく分かっていないわけですから、「おもい」のちからを十分に用いることができていなくても不思議はありません。

「体感」を育てていく

そのいっぽうで、「おもう」というはたらきに私たちはとても助けられています。よく知らないものに助けられながら、毎日を生きている、この「不思議さ」について、池田晶子は次のように述べています。

> いったい何が不思議なんだろう。その不思議な感じを、自分の中へ、ずうっと追いかけて行ってみてごらん。不思議な感じの出てくるところを、きっと見つけられるはずだから。
>
> 誰か見つけたかな。そう、不思議な感じの出てくるところは、「自分が、思う」ということだ。自分が思う、自分がそう思う、何かについて自分がそう思っているという、このことだ。この「自分が思う」ということは、いったいどういうことなんだろう。

この文章で注目したいのは、「いったい何が不思議なんだろう。その不思議な感じを、自分の中へ、ずうっと追いかけて行ってみてごらん」という一文です。池田さんは「感じ」という表現を用います。

ここでいわれていることはつまり、何かを考えるときには、まず体感していかなければならない、ということです。この「考える体感」をしっかり自分の中で育てていくことが「おもう」こと、あるいは「考える」ことの基盤になります。

「おもう」とき、頭だけで理解してはいけない。頭よりも、むしろ身体のほうが先に、自分に何かを教えてくれることがある。「おもう」とは、私たちの頭だけの仕事じゃない。全身全霊の仕事なんだ。そのことを忘れてしまうと、もったいない、というのです。

皆さんも実は、頭よりも身体のほうが先に働くということを日々経験しています。たとえば、自分以外の人が悲しんでいるとき、その悲しみを自分のことのように感じ、心が深く揺れることがあるでしょう。これは、皆さんの頭よりも身体が先に反応しているからです。だから心が揺れるんです。心が揺れるのは当たり前のことではない。皆さんがいつの間にか身につけていることです。

ほかのことでも身体で感じるのと、頭で理解するのは違う。ですから、「考える体感」が身につくまで「自分は分かっていない」という状態に身を置くことができるかどうかが大切なのです。なぜならば、人は分かったと思ったことをそれ以上深めることはないからです。

私は君たちと初めて会いました。それで、このあと五、六回会うと君たちのことが分かった、と私が思い始めるとします。「ああ、何となく中学生ってこういう感じだな」と。すると、君たちはそのことを敏感に感じます。「ああ、この人は私のことをまったく分かろうとしていない」と感じると思うのです。もし、私が君たちのことをずっと、ひとつの謎な人格だと思い続けることができれば、私と君たちはずっと対話を続けていくことができます。

分かったと思い込んでしまうことは、その人の分かるちからをどんどん小さくしていくんです。

「分かる」という言葉を考えるうえで大事なのは、分からなかったことが、次第に分かってくるということです。それを頭ではなく身体で体感していくことです。この人の話していることは分からない。分からないけど何かがある。こういった感覚こそが、人間を豊かにする、と池田さんはいうのです。

心の動きを豊かにするには

先ほどもいいましたが「感く」と書いて「うごく」と読みます。言葉をうまく実感できないときは熟語を複数、想い出すことです。「感」であれば、「体感」「感性」といった熟語が浮かびます。

ほかにも、「感」という字を使う熟語には「感情」というものもあります。感情というのは実はとても大事な熟語で、私たちの「情《こころ》」が感《うご》いていくさまを表しています。世の中では「あまり感情的になってはならない」といわれることがあります。そこで意味されているのは「感情」ではなくて「激情」です。

激情と感情は違います。激情は「激しい情」と書きます。つまり激情とは、「あ、廊《ろう》下《か》走っちゃダメだよ」と静かにいえば済む場面で、「廊下を走るな！」と怒鳴《どな》るような、心の動きを表しています。そんなときは怒鳴らないほうがいいに決まっている。人は激情的にならないほうがいい。

ですから、私たちは「感情」という心の動きはどこまでも豊かにして構わない。そして、「感」という字を「うごく」と読むことが分かれば、君たちは感動の経験を自分のなかで本当に愛《いつく》しむことができるようになっていくのです。

本当のことがだんだん分かってくる

先ほど「体感」という言葉を挙げました。このときの「体」は、単に肉体を意味していません。「体感」していくことについて、池田さんは次のようにいっています。

> だから理想を現実にすることは不可能なんだと、失敗した理由として人は言うけど、本当の理由はそうではない。目に見える現実だけを見て、目に見えない観念を

見なかったからだ。この場合、人々の観念は、目に見える現実だけが現実だという観念だった。つまり、社会というものが何か目に見える物のようにあるように思い、そこに戦争や貧困や不平等があるのは社会のせいだという観念だ。

皆さんは、「心眼《しんがん》」という言葉を聞いたことがありますか。私たちには、目に見えるものを見る「目」のほかにもうひとつ、見えないものを観《み》る「眼」があります。心眼とはこの、目に見えないものを、心の眼で観るちからのことです。

池田さんのいう「目に見えない観念を見」る眼とは、心眼のことです。

また、仏教では人間には開かれるべき五つの「眼」があると考えました。仏教では「眼《がん》」ではなく「眼《げん》」と読みます。「肉眼《にくげん》」「天眼《てんげん》」「慧眼《えげん》」「法眼《ほうげん》」「仏眼《ぶつげん》」です。世界には少なくとも五つの「見えない」層があるといいます。「肉眼」は見えるものを見る「目」です。しかし、「天眼」以降は、「見えないもの」を見る「眼」のことです。

今の文章に、「観念」という言葉がありました。観念の「観」というのは、「見る」というよりも「見えてくる」ということです。だんだん、だんだん、見えてくるということです。一方で「見る」は、いま見えることを表します。だから、観念とは、ぱっと分かるということではない。本当のことがだんだん、だんだん分かってくることを表すのが、観念という言葉なんです。ですから「人生観」というのです。

人生観とは、年齢を重ねることでだんだんと見えてくる人生の本当の姿のことです。生きていない人間に「人生観」はありません。

さらには、「観念」の「念」という字も「おもう（念う）」と読みます。では、この「念う」という字にはどういう意味があるのでしょうか。

たとえば私がある職人で、雑な仕事をしたとします。すると親方は私に、「念には念を入れてやれ」というでしょう。

「祈念」あるいは「念仏」という言葉が、この「念」という言葉の意味を感じさせてくれます。祈りも仏を念うのも、意識のはたらきだけではありません。それは意識をはじめ、心の奥深くにある無意識をすべて包みこむようなはたらきでなくてはならない、ということになります。

言葉は、それ自体が、価値なんだ。

次に皆さんと考えてみたいのは「言葉」とは何かという問題です。私たちは言葉を用いない日はありません。人と話さなくても、心のなかで言葉は活発に動いています。こうして日々、言葉を用いながら、言葉とは何かをあまり考えることがないのは不思議なことです。もう分かったつもりになっているのかもしれません。

言葉をめぐって池田さんは、こう述べています。

古典だ。古典という書物だ。いにしえの人々が書き記した言葉の中だ。何千年移り変わってきた時代を通して、まったく変わることなく残ってきたその言葉は、そのことだけで、人生にとって最も大事なことは決して変わるものではないということを告げている。それらの言葉は宝石のように輝く。言葉は、それ自体が、価値なんだ。だから、言葉を大事に生きることが、人生を大事に生きるということに他ならないんだ。

言葉を大事にするということは、自分の人生そのものを愛しむことにほかならない、というのです。

仮にここで私が、君たちに乱暴な言葉を吐《は》くとします。一度でなく、何度も。最初、君たちは傷つくかもしれませんが、だんだん君たちは私を軽蔑《けいべつ》するようになるでしょう。この人は、言葉を丁寧に手渡すことを知らず、投げつける人だと思うでしょう。君たちはそれに抗《あらが》うような叡知《えいち》の盾《たて》のようなものを作り出すに違いありません。

そのいっぽうで、乱暴なことをいった私は、どんどん強く乱暴な言葉を口にする。君たちはもう、私の話など真剣には聞いていません。しかし、私は、私の声を常に聞いているのです。その刃物のような言葉は、自分を傷つけるのです。

ですから、言葉を用いるときは、いい方に気を付けるだけでなく、言葉そのものを大事にしなくてはなりません。それはときに人を救うことすらあるからです。

「言葉は宝石のように輝く」と池田さんはいっています。言葉には輝きがあるというのです。しかし、言葉の輝きは目には見えません。

先ほど、「心眼」という言葉を紹介しましたが、言葉の輝きもまた、私たちの心で感じるものです。凡庸《ぼんよう》だ、と思っていた言葉が、ある日、宝石のように輝き始める、それが、私たちと言葉との関係だというのです。

「時間」の世界と「時」の世界

「宝石のような言葉」に出会うために大切なのは「時」の感覚を確かにすることです。
このことについて、池田さんは次のようにいっています。

> この真実に気がつけば、多くの人たちがそれを時間だと思っている「時間」というもののあり方が、まったく違ったものになることもわかるはずだ。死はないのだから、生の時間は、終点としての死へ向かって前方へ直線的に流れるものではなくなるんだ。でも、世の人は、時間は前へ流れるものだという間違った思い込みで生

きている。それで、いろいろ予定したり計画したりして、忙しいとか時間がないとか文句言ってるわけだけど、それはすべて自分でそう思っている思い込みにすぎない。時間というものは、本来、流れるものではないんだ。過去から未来へ流れるものではなくて、ただ「今」があるだけなんだ。だって、過去を嘆いたり未来を憂《うれ》えたりしているのは、今の自分以外の何ものでもないじゃないか。

　ここで池田さんは、「時間」は流れるもの、過ぎ去ってしまうものではないといっています。これはどういうことでしょう。もうすぐ今日の授業は終わりますね。それは時間が経ったからです。私たちはこの授業が始まる前に戻ることはできません。

　そのいっぽうで、皆さんにはきっと、忘れがたい人生の出来事があると思うのです。十年前の出来事なのに、昨日のように思い出せる、人生の「事件」と呼ぶべき何かとの出会いです。

　起こったのはたしかに過去だ、でも、昨日のように思い出せる。もっといえば、今日の昼食に何を食べたかよりも、その十年前の出来事のほうが自分にとっては新鮮だということがあります。そういう出来事は、時計で測れる「時間」の世界ではなくて、もう一つの「時」の世界で起こっているというのです。

日本語には「時間」と「時」という言葉があります。「時間」が来るまで待つ、というとき、それは時計の上のある時刻を指します。しかし「時」を待つ、というとき、それはある「流れ」あるいは潮目を指します。

冒頭に『方丈記』の一節を紹介しました。そこでは「河」がとても印象的なイメージを私たちに喚起《かんき》させていました。この作品は「時間」の世界と「時」の世界という二つの世界が織りなす光景を描き出そうとした試みにほかなりません。

皆さんのなかにはギリシア神話を読んだことがある人がいるかもしれません。この神話には「カイロス」と「クロノス」という二つの時間の神がいます。「カイロス」は神々の時間、「クロノス」はこの世の時間といえるかもしれません。

神話とは、人間と神々とが分かちがたい関係にあることを示す「物語」です。ギリシア神話は、私たちに、人間もまた「時間」だけでなく「時」を生きる者であることを教えてくれています。

先の一節で、池田さんは、「時」という言葉を書いてはいません。彼女は「時間」という言葉のなかに意味の重層性をこめて用いています。『方丈記』が「時」という言葉で「時間《クロノス》」と「時《カイロス》」を語ろうとしていたのと同じです。

私たちは、「時間」と「時」を言葉として使い分けるだけでなく、それを感じ分けて、経験し、自分のなかに蓄えていくことができる。そうすることで、「時」の出来事を、常に「今」によみがえらせることができるのです。

記憶のはたらき

そう考えてみると「記憶」とは、過去を思い出すだけでなく、今の出来事としての経験も含んでいることが分かります。記憶の「憶」、これも「おもう（憶う）」と読みました。「記憶」は、過去をそのまま憶い出すものではないのです。ある断片を今、憶っているのが記憶なのです。

童話作家で詩人でもあった宮沢《みやざわ》賢《けん》治《じ》（一八九六～一九三三）は「憶う」という営みの世

界を、じつに鮮やかに描き出しています。

これらは二十二箇月の
過去とかんずる方角から
紙と鉱質インクをつらね
（すべてわたくしと明滅し
　みんなが同時に感ずるもの）
ここまでたもちつゞけられた
かげとひかりのひとくさりづつ
そのとほりの心象スケツチです

（「序」『心象スケッチ　春と修羅』）

「憶う」という営みは過去を「おもう」ことにほかなりません。しかし、それはすでに無くなったものをぼんやり「おもう」のではない、と賢治はいうのです。

ここで注目したいのは、「これらは二十二箇月の／過去とかんずる方角から」という一節です。過去は「方角」だ、と賢治はいう。
「方角」は見えなくなることはありますが、けっして消滅しません。あるとき、人は過去を見失うことがある。しかし、それはけっして消えない、というのです。

時は過ぎ去らない。離れると少ししか見えない。でも、けっして消えない。それは「東」という方角が無くならないように消えることがない。それが賢治の「時」の世界観です。

「答え」と「応え」の違い

宮沢賢治はこの詩で、「過去」がどこにあるのかという問いの「解答」を与えてはくれません。しかし、彼の「手応え」を読み手である私たちと共有しようとしています。

同質のことをめぐって池田さんも次のような言葉を残しています。

科学は、目に見える物によって目に見えない心を説明しているにすぎないということを、常に忘れないようにしよう。説明は決して解答じゃないんだ。科学は物質を指して、それが心だと言っているわけじゃないんだ。残念なことに、現代の科学者たちのほとんどが、物質がそのまま心だと間違えて思っているけれど、君はこれからの人なんだから、この点を決して間違えないように考えていって下さい。他でもない君自身の人生にとって、とても大事なところです。遺伝子で決まってるんだから仕方ないって一生をあきらめるなんて、もったいないじゃないか。

ここで、もっとも重要なのは、「説明は決して解答じゃないんだ」という言葉です。たしかに説明は解答ではありません。自分ではどうしようもないことを説明されても私たちが納得することはありません。

たとえば、皆さんが大切な人を病で喪《うしな》うとします。皆さんは、どうして私の大切なあの人が、こんなに早く逝《い》かねばならなかったのかと問わずにいられないと思うのです。そこで私が、病名とその症状を説明したところで、皆さんの心はけっして鎮《しず》まることはないと思います。そんなときは「答え」とはまったく異なる「応え」が必要なのです。

「答え」と「応え」は違います。これは英語にするとよく分かります。解答は、英語でanswer（アンサー：答え）ですね。でも、ある人に一生懸命話しても「手応えがない」というときもあります。こちらは、answer ではなく response（レスポンス：応え）です。

「答え」をもたらそうとする「説明」はしばしば一面的で表層的なものです。そうしたときの説明の多くは、出来事を言葉で語れることに集約してしまうからです。言葉にならないものを見過ごしていることがあるかもしれない。それだけでなく、聞いている人の「手応え」を無視するような「説明」も世の中には多くあります。

ですから、皆さんは、あまりに鮮やかに説明されたとき、少し疑ってみることが必要なのかもしれないのです。

説明は、皆さんが探している応えではないんです。もし、人が真の応えに近づいていく何かを得られるとき、その語り手は、ただたどしく話すことがあるかもしれません。いっぽうで、明快な説明が与えられて、それを解答として受け取るとき、私たちは大変大きな迷路に入ってしまうことさえあるのです。世の中では時折、偽《いつわ》りを語る人の口調は明瞭《めいりょう》で、真実を語る口は重い。こうしたことも忘れずにいてください。

本当に大事なもの

さて、最後に私たち人間は、どのように存在しているのかを池田さんの言葉をめぐって考え、一回目の授業を終えたいと思います。

池田さんは、人間のなかに「心」があるのではなく、人の本質は「心」なのではないかというのです。

心とは、君がもっているものなんだろうか、それとも、君が心なんだろうか。

池田さんが「時間」というときそこに「時間《クロノス》」と「時《カイロス》」が折り重なっていたように、「心」と池田さんが書くとき、そこには身体、意識、そして私たちの「いのち」が含まれています。

「いのち」とは、私たちの存在の根底をなすはたらきのことです。それは身体的生命と同じではありません。むしろ、それを包み込むものです。そして、あとの授業でも詳しくお話ししますが、個々の人間に尊厳があることを約束するものです。人間は、存在しているだけで尊いことを私たちに告げ知らせるものです。

もしかしたら私たちは、生きている間に、身体の一部を傷つけられることがあるかもしれません。池田晶子という人は、とても激しい喩《たと》えをする人でもあって、たとえば私たちが手を失わなければならなくなったとき、そのせいで、その人の何かが失われたんだろうか、ということも書いています。

人が身体の一部を失ったとき、その人の本質、すなわち「いのち」が失われたんだろうかというのです。もちろん、そんなことはありません。身体はとても大切です。でも、私たちの目に見えない心や「いのち」は、それに勝るとも劣らず大事なものです。

大きな試練を背負った人が発する言葉や体現することが強く私たちを動かすことがあるのは、そのためです。身体的に何かが「できない」ということが窓になって、その人のうちにあって輝き続けている「いのち」の光があふれ出てくるのです。

第2講
考える

考える態度

前回は、「おもう」という動詞の深みを感じ直してみました。今回は「考える」という営みをいくつかの視点からとらえ直してみたいと思います。

これまでも動的にとらえることが重要だという話をしました。別な言い方をすると、止まっているものには「罠」がある、ということでもあります。

たとえば、善と悪という言葉があります。何が善で何が悪か、ここで論議を始めたら、いくら時間があっても足りません。それほどに奥深い問題です。

しかし、論議を進めていくと、世の中のほとんどのことは、完全に善でもなければ、完全に悪でもないことが分かってきます。そう簡単には断定できないのです。でも、そのいっぽうで人は、ＡかＢか、と問われたらＡかＢか判断してしまう。すなわち、そのあいだにある「あわい」を見過ごしてしまうのです。

情報や知識というものは、しばしば極端な意見に陥《おちい》りがちです。そこから抜け出るために私たちは「叡知」を身に付けなくてはなりません。

叡知とは、ものごとは簡単に分けられないことを私たちに教えてくれるはたらきです。世の中の人は、いろんなことを分けたがる。これが正しい、これが間違っていると分けたがる。だけど、分けることができない何かがあるんじゃないか、むしろその分けられない何かが、とても大事な役割を果たしているのではないか。そういう考えを深めていくことが大切なのです。

ＡかＢかを考えるだけでなく、ＡとＢという問題のあいだにある「と」の世界を見極めるちから、それが叡知です。「と」の世界を考える癖《くせ》を付けると、次第に君たちのなかにある叡知が目覚めてきます。

叡知は誰かから与えてもらうものではありません。すでにそれぞれの人間の内にあるものです。ですから、私たちは叡知をよみがえらせるべきなのであって、誰かに授《さず》けてもらおうとしないことです。

人は、叡知を目覚めさせるために他者との「あわい」に自己を見出していかなくてはなりません。叡知は、これが自分だという存在――それをここでは「小さな自分」と呼びます――の向こうにいる真の「自分」――ここでは「自己」と呼ぶことにします――を他者との交わりのなかで見出すことを私たちに求めてくるのです。

それは自分を否定することではありません。むしろ、自分を超えていくことです。人は、毎日、変化する、その現実に気付いていくということです。

「悩む」と「考える」の違い

さて、次に考えてみたいのは「悩む」と「考える」の関係です。今回の授業も池田晶子さんに「対話」の相手になってもらいましょう。池田さんは「悩むのではなくて、考えるべき」だといいます。彼女にとって「悩む」と「考える」は似て非なるものだったのです。

人は、それぞれの人生に裏打ちされた言葉の用い方をします。ですので、すべての人が池田さんと同じように「悩む」と「考える」を区分しているわけではありません。「悩む」あるいは苦悩することこそ生きる意味だという人物もいます。

いつか皆さんにも読んでほしいと思いますが、二十世紀にもっとも影響を与えた思想書のひとつ『夜と霧』の作者で、オーストリアの精神科医でありながら、哲学者でもあったヴィクトール・フランクル（一九〇五～九七）はその一人です。

ここでの問題は、池田さんがどのような営みを「悩む」と呼び、「考える」と区別をしようとしているかです。まず、彼女の文章を読んでみましょう。

> 悩むっていうのは、どうすればいいのかわからないってことです、と君は言うね。そうだろう、君はわからないから悩んでいるんだ。でも、どうなんだろう、もし本当にそれがわからないことなのだったら、君は、悩むのではなくて、考えるべきなんじゃないだろうか。あれこれ思い悩むのではなくて、しっかりと考えるべきなんじゃないだろうか。
>
> 考えるというのは、それがどういうことなのかを考えるということであって、それをどうすればいいのかを悩むってことじゃない。それがどういうことなのか考えてわかっていなけりゃ、それをどうすればいいのかわからなくて悩むのは当然じゃ

ないか。

（『14歳からの哲学　考えるための教科書』）

「悩む」という行為は、問題の最も大切なところ、問題の本質から離れていこうとする営みだというのです。もっと平易にいうと、人は、「悩む」ことによって、その問題から逃《のが》れようとすることもある、というのです。

「考える」はその逆です。問題の本質に迫ろうとする営みだというのです。だから、池田さんは「悩む」のではなく、「考え」なくてはならないというのです。

悩むとは、扉を開けて外に出ていってしまうイメージだといえるかもしれません。先ほど叡知はすでに私たちの内にある、といいました。私たちの内面を探すべきなのに、外に出ていってしまうと今ここにあるものは、いつまでも見つかることはありません。

「考える」の始まり

自分の内にあるものに、目を凝《こ》らせばよい。それなのにどうして他のところに見出そうとするのか。これは、池田さんが伝えたい、おそらくただひとつのことです。それが、本当の意味での「自由」への道だからです。

皆さんは『新約聖書』という本を知っていますか。世界でもっともよく読まれた本は『新約聖書』だといわれます。この本のなかにある「ヨハネによる福音書」八章三十二節にはこんな一節があります。

> あなた方は真理を知り、
> 真理はあなた方を自由にする
>
> （フランシスコ会聖書研究所訳注）

真理にふれたときに感じるもの、それが自由だというのです。

さて、自由って一体何でしょう。自由とは、「皆さんどうぞ好きな時間に、好きな格好で学校へ来てください」ということですか。それは自由ではありません。それは許可されたことです。

英語では freedom と liberty という二つの「自由」があるといわれます。前者が行動の自由で、後者は社会的な自由だといわれます。言論の自由は freedom of speech です。アメリカのニューヨークにある自由の女神像は The statue of liberty です。何となく語感がつかめたでしょうか。

しかし、日本語の「自由」という文字からは、もう少し異なる意味をすくいとれそうです。自由の「由」は「よる（由る）」と読みます。つまり、自由とは「自《みずか》らに由る」という意味です。このことを踏まえて「考える」と「自由」との関係を語った池田さんの文章を読んでみましょう。

君が、考えれば、必ずそれは見つかるんだ。正しい定規《じょうぎ》はどこだろうってあれこれ探して回っているうちは、それは見つからない。考えることこそが、全世界を計る正しい定規になるのだとわかった時に、君は自由に考え始めることになるんだ。こんな自由って、他にあるだろうか。

考えるということは自らに由ることなんだ。自らに由らなければ、考えることはできないんだ、というのです。自分というものを感じ、そして自分に由る。これが皆さんにとっての「考える」の始まりなんです。だから、君たちは何かを考えようと思ったら、おぼろげでいいから自分というものを感じていかなければならない。自分と深く交わっていくこと以外に自由への道はない、というのです。

もう少し別な角度から「考える」と「自由」の関係を見ることもできます。「考える」という営みはいつも「自由」を同伴者にしていなくてはならない、というのです。何かに制限されて「考えて」いると、「考える」はたらきの可能性を十分に感じることはできない、というのでしょう。

生きる意味は「ない」のか

さて、少し「考える」角度を変えてみたいと思います。角度を変えるだけで、問題は依然《いぜん》、「考える」とは何かということです。

皆さんは、「生きる意味」あるいは「生きがい」とは何かと尋《たず》ねられたら何と答えますか？　あるいはこの問いに答えることはできますか。
皆さんは、自分の生きている意味が分からないと思うことがあるかもしれません。でも、皆さんが生きている意味が「分からない」ということと、皆さんが生きている意味が「ない」ということはまったく違います。自分が分からないということと、それが存在しないということの違いを、ちゃんと感じ分けておくことは重要です。「考える」ということは、ないというように感じられたものが、だんだん分かってくるということだといえるかもしれません。

皆さんに、「生きる希望とは何ですか」と聞いたとします。その問いに対してそう簡単に答えることはできないのではないでしょうか。でも、希望は確かにある。そのとき私が、「本当にあるのだったら話せるはずだ」「語れない希望なんてないも同じだ」といったら、皆さんはとても嫌な気持ちになるでしょう。それは、皆さんのなかに本当に希望と呼ぶべき何かがあるからです。それは、君たちにだけあるのではない。万人のなかにあるものなのです。

人の心のなかにあっていえないことを感じていくことも、「考える」ということです。

ないと感じることと、ないことは違います。見えないということと、それが存在しないということは違います。感じられないということと、それが存在しないということは違うのです。

このことをめぐって皆さんに伝えたい言葉があります。染織家で随筆家でもある志村《しむら》ふくみ（一九二四〜）さんの『一色一生』という本に引かれているドイツの作家ノヴァーリス（一七七二〜一八〇一）の言葉です。

すべてのみえるものは、みえないものにさわっている。
きこえるものは、きこえないものにさわっている。
感じられるものは感じられないものにさわっている。
おそらく、考えられるものは、考えられないものにさわっているだろう。

短い言葉ですが、これは「詩」といってよい言葉です。

人は、目に見えるものを見ているだけではなく、目に見えないものも心で感じているんだというのです。

私は今、目に見える皆さんに向けて授業をおこなっています。そして同時に、皆さんには心があることを感じているんです。

これはいわれてみれば当たり前のことですが、私たちはしばしば社会で、目に見えるものを中心に考えることを強《し》いられることがある。そのときに皆さんは、自分のなかに目に見えないものもしっかり感じる心を持っておかないと、自分自身に出会うことはできません。人生で自分自身に出会うことほど面白いことはないのにもかかわらず、です。

そして「考える」という営みのもっとも重要な意味は、「考えられない」ものにふれることにある、というのです。

「言葉の世界」と「意味の世界」

次に、「考えられる」世界と「考えられない」世界を感じ直してみたいと思います。

この二つの世界をどのように感じ分ければよいのか。池田さんは、「言葉」と「意味」

の関係によってそれを考えてみようとします。

ここに一匹の犬がいるとします（池田さんは犬が大好きでした）。しかし、「犬」という意味はどこにあるのでしょう。意味は確かに存在します。しかし、それに手で触ることも目で見ることもできません。でも、存在する。これはどういうことなのかを考えてみたい、というのです。

> 言われてみれば、これも当たり前だと思うだろう。でも、このことからわかるのは、何か目に見える物を意味する言葉でも、その言葉の意味は、決して目に見える物ではないということだ。いいえ、私は目の前に犬の姿をありありと思い浮かべられますと言う人もいるだろう。でも、その犬の姿を、手でさわることはやっぱりできないね。つまり、言葉の意味というものは、目に見えて手でさわれるこの現実の世界には、存在していないということなんだ。意味というのは、別の世界に存在するものなんだ。でも、別の世界って、いったい何だ？　そんな世界が、どこにある？
>
> （『14歳からの哲学　考えるための教科書』）

池田さんは「言葉の世界」と「意味の世界」という二つの世界、二つの次元があるというんです。私たちは言葉の世界「と」意味の世界の「あわい」にいるわけです。

そもそも「言葉の世界」と「意味の世界」は、別々にあるのではなく、折り重なり、分けることができないのかもしれない。私たちの心と身体がそうであるように、一見、分けて考えることができるように見えるけど、分けて存在することはできないのかもしれない。

「意味の世界」というのは、感じられることもあれば感じられないこともあります。ある人の言葉の意味はとてもよく分かるのに、別な人の言葉だとはっきりとは感じられないことがある。また、時間が経ってからやっと意味を感じることもある。どうしてこうしたことが起きるのか。

「言葉の世界」での交わりは、その場の判断を求めてきます。今、分かる必要がある世界です。入学試験があります。その答えを三日後に分かっても仕方がないのです。学校には非常口のマークがあります。これはある種の記号です。この記号の意味が三日後に分かっても、仕方がありません。今、記号といいましたが、池田さんがいう「言葉の世界」というのは記号の世界でもあります。それは、誰が見ても同じものです。あるいは、誰が書いても同じことです。

いっぽう、いわれた事実はすぐに分かっても、意味は十歳年齢を重ねなくては分からない、ということもあります。あるいは、語ってくれた人が亡くなって初めて分かる、ということもあります。

時間をかけるべき営み

「言葉の世界」は、理解するのにそんなに時間がかからない。「意味の世界」は、しばしば長い時間を要して理解される。この二つを混同すると、とても厄介《やっかい》なことになります。それは、意味深いことをすべて記号として理解することにほかなりません。

私たちは本当に好きな人の前で、自分の気持ちと違うことをしてしまうことがある。でも、相手が「意味の世界」を分かってくれる人であれば、問題はあまり大きくならないかもしれません。むしろ、好意が増すかもしれません。

しかし私たちは自分のことや社会的なことになると、「意味の世界」の出来事を「言葉の世界」の出来事に置き換えてしまうことがある。それはとてももったいない。

一冊の本を読むときでも、それを記号として読むのか、意味として読むのかによってずいぶん異なった経験になります。言葉や記号を追うだけであれば、本は一晩で読めてしまうかもしれません。でも、その本に含まれている意味を、皆さんがちゃんと感じるためには、もっと時間が必要です。だから、言葉としては分かったけど、意味としては分からない、ということがあって構わないんです。

記号としてはあまりよく分からない。でも、何か「手応え」がある。そんな本に皆さんが出会えれば、本を閉じて数年後に、春になって一気に花が咲くように分かることもあるかもしれません。ですから、いま読んで、あまり面白くないという理由だけで、読んでいる本を批判するようなことはしないほうがよいのです。

私たちはもうひとつ、「意味の世界」にも生きている。だから、いま読んでいる本が本当に何を意味するのかは、ずっとあとで分かっても構わない。

本来、読むという行為は、ゆっくりと時間をかける営みです。一カ月で本を読み切っても、意味としては読み終わらないかもしれない。さらにいえば、私たちは、記号の意味と本当の意味をたったひとつの言葉のなかにすら感じ分けないといけない。これは大変なことです。

生きるとは、分からないこととの戦い

分からないということは苦しいことです。ある意味では生きるとは、分からないことの戦いだといえるのかもしれません。私たちの人生でもっとも大きな謎、それは「死」です。

この世に生きている人で死を経験した人はいません。死を知っている人はいないのです。私たちが経験しているのはいつも自分以外の人の死です。死をめぐって語られていることのすべては、自己の死ではなく、他者の死を通じて経験されたことなのです。

ですから、私たちは死とはこういうものである、と断定的に語る言葉の前ではとても

慎重であるべきなのです。

しかし、謎であるということは同時に、それに対する恐怖も存在するということです。池田さんは死を前にしたときの「おそれ」をめぐってこう書いています。

> 君もこれからの人生で、苦しいことに出合ったり、死への怖れに捉《とら》われたりした時には、空気の澄《す》んだところへちょっと出かけて、星空を見上げてみるといい。きっと、おそろしく不思議で、妙に懐《なつか》しいような感覚に浸《ひた》されるはずだ。そして、どうしてこんなものがあるのだろうという問いが、そのまま、どうしてこんなもの、この自分のこの人生があるのだろうという問いへと返ってくるのに気がつくはずだ。苦しみですら奇跡だ、そう納得できたとき、その苦しみが消えていることにも気がつくだろう。

死への恐怖は、私たちが「生の意味」を探しているときに遭遇《そうぐう》する、いくつかある出来事の一つである。苦しみというのは私たちを苛《さいな》むものばかりじゃない。苦しみが、立っている人生の場所を指し示すことがある。死への「恐れ」は、生への「畏れ」への道程だというのです。

「恐れ」と「畏れ」は違います。熟語にするとその違いがよく分かります。「恐怖」と「畏怖」は違います。

「恐れ」は、私たちが恐怖映画などを見て感じるものです。あるいは、ある人に大声で威圧されたときに感じる心情です。恐怖は、私たちをどんどん小さくしていきます。

「あの人、すごい恐い人なんだ」と感じて、その人と一緒にいると自分が小さくなっていく気がする。でも、「畏れ」は違います。

「畏れ」は何か貴《とうと》いものに出会ったときに湧き上がってくるものです。苦しみながらも懸命に生きる人の姿を前にしたときに感じる、あの感情です。あるいは荘厳《そうごん》な光景を見たときに感じるかもしれません。「畏れ」は人間が、人間を超えた存在にふれたときに生じる経験でもあります。

現代は、「恐れ」と「畏れ」を一緒にしてしまうんです。これは大変もったいないことです。自分の心を見るのはたしかに「恐れるべき」経験のようにも見える。でも、その底にあるのは「畏れるべき」ものなのです。真の自分に出会う、それはじつに貴いことなのです。

心に「問い」の部屋を作る

皆さんにお願いしたいことがあります。それは心に「問い」の部屋をひとつ作ることです。簡単に答えを出さない問いの部屋、問題を投げ入れておく場所です。

その問題を毎日考えなくてもよいのです。むしろ、放っておく。そして、気が向いたら眺《なが》める、そんな問いの部屋です。その代わり、捨てないでほしいんです。それで、必要なときに「あ、そういえば前に池田さんがいった言葉を……」と思い返して、部屋から出して眺めてみる。そこにこそ、皆さんが求めている言葉があるかもしれないのです。

今日は分からなかったことが、本当に分かってくるときがくる。学校では、いろんな解答を求められると思います。それに答えていくのも大切なことです。でも、簡単に手応えを得られない問いもまた、大事です。

なぜ、簡単に手応えを得られない問いが大切か。それだけが皆さんを本当の意味で「変える」ちからを持っているからです。人に与えられた問いにいくら答えても、皆さんの精神が変貌《へんぼう》することはないのです。

このことをめぐって池田さんはこう書いています。

> この本に書いてあることを自分で考えて、自分の知識として確実に知ったのなら、君の生き方考え方は、必ず変わる。変わるはずなんだ。本当に知る、「わかる」とは、つまり、そういうことなんだ。

少し意地悪く聞こえるかもしれませんが、何かが本当に「分かる」ということは、その人が深いところで「変わる」ということです。むしろ、「変わって」いないのであれば、「分かって」いるのではなく「分かったつもり」でいるだけなのかもしれません。

何を人生の問いにするのか

でも、いちいちこんなことを人からいわれるのは嫌です。ですから、皆さんにおすすめしたいのは、「今日の私は何が分かったのか」「今日の私は何が変わったのか」あるいは「今日の私は何が分かりつつあるのか」「今日の私は何が変わりつつあるのか」を問う内なる教師を育てることです。

「変わる」ということにふれ、池田さんは次のように言葉を続けています。

> 頭でわかるだけの知識、借り物の知識なんかに、どうして一人の人間の人生を変えてしまうだけの力があるだろう。なぜなら、「考える」とは、まさにその自分の人生、その謎を考えることに他ならないからだ。〔中略〕考えるということは、答えを求めるということじゃないんだ。考えるということは、答えがないということを知って、人が問いそのものと化すということなんだ。どうしてそうなると君は思う。

> 謎が存在するからだ。謎が謎として存在するから、人は考える、考え続けることになるんだ。だって、謎に答えがあったら、それは謎ではないじゃないか。
>
> 本当に何かを分かろうとするなら、解答の世界から謎の世界へと歩みを進める必要がある。「分かる」世界から「分かりつつある」世界へ移行し、ついに私たちの人生が「問い」の化身《けしん》になるところまで行かなくてはならない。

「問い」の化身といってもイメージが湧きにくいかもしれません。マザー・テレサ（一九一〇～九七）という人物を知っているでしょうか。キリスト教の修道女で、生涯インドの貧しい人たちに寄り添った人です。それも彼、彼女らの最期《さいご》を看取《みと》るという活動を続けた人です。

彼女は自らの一生を費やして、愛とは何かを問い続けたといえると思います。彼女は結論めいたことはいいません。しかし、その言葉の端々《はしばし》から、そして、その存在から私たちは愛とは何かを感じることができます。こうした状態が「人が問いそのものと化す」ということです。

私たちは、何を人生の問いにするのかを選ぶことができます。そして、その問いこそが私たちの人生に多大な影響を与えるのです。

君が、真理なんだ。

さて、池田晶子の『14歳からの哲学』は、この一節で終わります。池田さんが皆さんにお伝えしたいことは、この三行に集約されています。

> 真理は、君がそれについて考えている謎としての真理は、いいかい、他でもない、君自身なんだ。君が、真理なんだ。はっきりと思い出すために、しっかりと感じ、そして、考えるんだ。

池田さんは、私たちそのものが真理だという。真理がどこかにあって、それを探検家のように探索するのではなく、自分が真理であるという謎を人生を通して深め、感じ直していくことを求められる。このとき私たちに「求めて」くるのは、自分以外の人ではありません。

私たちは何を探しているのか、それがどこにあるのかを知らないまま、探してしまうことがある。しかし、自分の部屋にあるものを外に見つけようとしても、それは見つかりません。

もし私たちが探しているのが真理だとしたら、自分自身のなかに探さなければ、その人の真理に出会うことはできない、というのです。

ある日、この文章を読んだ私は、本当に喜びに震えました。真理は万人に開かれている。勉強した人だけではなく、何かを成し遂げた人だけではなく、万人に真理は開かれていると池田さんはいってくれているんです。

真理というものがあるとすれば、それは文字が読める人にとってだけではなく、誰にとっても真理でなくてはならない。第1講でいったように、真理とは実は、とても平易な姿をしている。この厳粛《げんしゅく》な事実こそ、池田さんが生涯を賭して解き明かしてくれたことなのです。

第3講
分かる

「分からない」を認める

これまで「考える」ということをめぐって「考え」を深めてきました。今回は「分かる」ということを考えて、感じてみたいと思います。

「分かる」というのは、そうしたことが本当に起こったとき、ある喜びがあるものです。単に「知る」ということとはまったく違う手応えがあります。さらに誰かと「分かり合う」ことができたとき、それは感動的ですらある。

でも、「分かった」といわれると、何か嫌な感じがすることもあります。たとえば、会ってさほど時間が経っていないにもかかわらず、ある人に「あなたがどんな人かが分かりました」といわれたりすると、「そんな簡単に分かられたくない」という心情が湧き起こってきます。

しかし、「あなたのことはよく知らないけど、今の言葉はとても胸に響きました」といわれると、少し「分かり合えた」気持ちがすることもあります。「分からない」けど

「分かり合える」ということが現実にはあるのではないでしょうか。こうした容易に言葉にならない「分かる」経験について池田晶子は次のようにいっています。

> 全然わけがわからなくなりましたって言うなら、君、大成功だよ。わからなくなったからこそ、これから考えられるんだ。悩まないで、考えてゆけるんだ。「心の悩み」なんて言っている場合じゃないって、気がついただろう。だって、悩んでいるその心とは何なのか、君は、まるっきりわかってないと、わかったんだからね。大丈夫、考えてゆけるよ。だって、君には、考える精神があるからだ。
>
> （『14歳からの哲学　考えるための教科書』）

もし、「分からない」ことがひとつ増えたという出来事があったら、君たちは本当に何かが「分かってきた」ことになる。もっというと、分からないということが分かれば、それは何かとてつもなく大切な何かを「分かり始めた」ことにほかならない、というのです。

分からない、ということを認めるには、実はとても勇気がいりますが、世の中の人は、分からないことを分からないと語っても私たちを責めることはありません。しかし、分からないことを分かったふりをするとき、世の中の人はとても厳しいまなざしを私たちに向けてきます。

つい数年前まで、私は、文章を書くという仕事と共に、十五年ほど会社を経営していました。あるとき、「この仕事を積み重ねてきて、あるところまで来たな」と思ったことがありました。

それは人と比べて優劣が分かったということではありません。どういうことかというと、「そのことは知りません」といえるようになったんです。それまでは、どこかで知っているフリをして、知らないと思われないようにしていた。

でも、あるときから、「分かっていることは分かっている」「分からないことは分からない」と感じられるようになった。「いや、そのことは知りません」と人前でいえるようになったとき、自分のなかであることが変わったのです。

それは、自分を偽《いつわ》らないということでした。自分と誰かとを比べないということでもあります。そして、何よりも、「分からない」という気づきこそが、「学ぶ」ことの原点であることが分かりました。そして、「分からない」と思えることは恥ずかしいことではなく、何かが、たしかに「分かり始めた」兆《きざ》しであることが「分かった」のです。

私であることの重要な要素

さて、今回は小林《こばやし》秀雄《ひでお》（一九〇二～八三）という人物の文章を読みます。理由はいくつかあるのですが、その一つが池田晶子がもっとも敬愛していた人が小林秀雄だったからです。今回は、叡知は、どのようにして、人から人へ伝わっていくのかについても考えてみたいと思います。

もっと平易な言葉でいえば、他者から影響を受けるとはどういうことかということでもあります。影響を受けることと、その人を模倣《もほう》することは違います。似て非なるものです。さらにいえば、模倣の度合いがあまりに深くなると、影響を受けることが難しくなる場合があるのです。

小林秀雄は、一九〇二年に生まれ、八三年に亡くなっています。近代日本文学に「批《ひ》評《ひょう》」という分野を切り拓《ひら》いた人物、批評家です。私の職業も批評家です。随筆も詩も書きますが、新聞社などから職業名を一つ、といわれたら迷わず批評家であると答えます。

批評家であることは、私が、私であることの重要な要素になっています。そうしたことを心理学者のエリック・エリクソン（一九〇二〜九四）は「アイデンティティ」と呼びました。「自己同一性」と翻訳《ほんやく》されたりもしますが、その人がその人であることの根本的な理由と考えてよいと思います。

アイデンティティは、一つではありません。複数あってよいし、複数あるのが現実です。

皆さんは二十一世紀の生まれですが、私は二十世紀の生まれです。私は日本で、ある父母、ある兄弟のなかに生まれ、日本語を母語にしている男性です。ある親友、あるいは心友と呼べる人がいます。そして、心から敬愛する人物が、幾人《いくにん》かいます。私は生後四十日で、キリスト教カトリックの洗礼を受けました。今、五十歳を少し超えたところです。アイデンティティは変化もします。十代と五十代では何が「自分」であるのかの手応えが違ってきます。

私の場合、こうした自分を決定している条件のなかに、小林秀雄や池田晶子からの影響が大きくあるのです。

「批評」という言葉はあまりなじみがないかもしれません。今は、この国で、文学の上に新しい分野を切り拓いた人物だ、という事実が分かれば十分です。

小林秀雄が亡くなった一九八三年、私は、ちょうど皆さんと同じ中学三年生でした。しかし、当時は、彼が亡くなったことを知りません。というのも、実は私は、皆さんくらいのときに、本をほとんど読んでいないんです。十六歳まで、私が読んだ本は二冊しかありませんでした。しかし、その一年後、小林さんが亡くなった翌年くらいから私は、猛烈《もうれつ》に彼の本を読み始めることになるのです。そして、文章を書く人間になりたいと思ったのです。今からふりかえると、十六歳のとき、私の人生で決定的、といってよい出会いを経験しているわけです。

自分を見失わないために

「影響」とは、文字通り何かが「影」や「響き」のように人に寄り添う現象です。人が気が付かない、あるいは目に見えないかたちでその人の精神のあり方にはたらきかけている、ということを表しています。

「模倣」はどうでしょう。「模」は「模範」「模造」などという言葉があるように手本を「まねる」という行為と深く関係しています。「倣う」は「ならう」と読みます。この言葉にも「まねる」という意味と語感があります。「模造品」は、もとのものに似ていれば似ているほどよいのです。

ですが、皆さんが、「誰かに似ている」といわれたらどうでしょう。たとえそれが憧《あこが》れの人であったとしても、ずっといわれ続けると、きっと嫌な思いをすると思います。どこかで、私は私で、あの人ではない、といいたくなると思います。

人は、その人自身になるために生まれてきたのであって、誰かになるために生まれてきたのではありません。誰かを「模倣」するとき人は、その人の話を鵜呑《うの》みにしがちです。その人と対話するのではなく、従順になってしまうのです。さらにいえば、自分を押し殺してしまうことにもなりかねません。

私たちは、相手がどんなに優《すぐ》れていたとしても、その人にあまりに従順になり、ついに従属するようなことになってはいけません。それは自分を見失うことにつながります。どこまでも対話をするのです。

本当に優れた人との対話——読書とは時空を超えた対話です——は、いつも自分とは何か、自分はこの世界とどのような関係にあるのか、という根本的な問いに私たちを引き戻してくれます。そして、人は誰もが、かけがえのない、ただ一つの意味をもった存在であることを教えてくれます。

対話と呼び得るような経験は、ほかの人では代わることのできない、その人が生きるという尊い仕事があることを思い出させてくれます。不思議なことなのですが、真に偉大な人物の前に出ると、人間の存在の意味は、世の中にどれほど認められたか否《いな》かとは、まったく異なるところにあることを実感させてくれます。

「自分で考える」ことの重要さ

さて、小林秀雄に戻りましょう。この人から私が受けた影響は、まず一つは「自分で考える」ことの重要さです。そんなことは当たり前だといわれるかもしれませんが、人は意外と自分では考えないものです。

自分で考えるとは、先ほどもいいましたが、人からいわれたことを鵜呑みにしないということです。「鵜呑みにする」とは、鵜飼《うかい》の鵜のように、丸ごと飲み込む、ということです。鵜が飲み込むのは魚ですが、人間に用いる場合は「それが何であるのかを考えずに信じ込む」というときに用います。これがどれくらい愚かなことかは説明はいらないと思います。皆さんを利用しようとしている人の言葉を「鵜呑み」にしたらたいへんなことになってしまいます。

「鵜呑み」にするのと「理解」することは違います。「鵜呑み」と「納得」も違います。私たちは他者の言動をどのように自分のなかに取り入れるか、ということにもっと慎重であってよいのかもしれません。前回の授業では、「考える」とは何かをめぐって話をしてきました。何かを「鵜呑み」にするとき、そこにはすでに「考える」という行為はないのです。

小林秀雄が私に教えてくれたのは、「考えることは持続的な行為である」ということです。考えるとは瞬間的な行為ではないのです。

「鵜呑み」にする、とは、そこに「答え」があると思い込むということです。たしかにすぐに答えが出ると、何かが瞬時に分かったような気がしてとても気持ちがいい。でもそれは、もしかしたら偽りかもしれない。答えが出ないなかで考え続けることは、忍耐を必要とします。何かをじっと眺めるのは、実は大変なことです。

でも、この世界には、ぱっと見ただけでは分からないことがたくさんある。物だけではありません。出来事もそうですし、人の心もそうです。皆さんが、どのような人間かということも、まさにそうしたものの一つです。それは「見た」だけでは分からない。「観て」いかなくてはならないし、「観えてくる」ものなのです。

感動とは全身が「うごく」こと

さて、今回皆さんと読んでみたいのは、「美を求める心」と題する文章です。これは、小林秀雄の講演を本にした作品です。小林さんはたくさんの文章を書きましたが、話すこともとても上手な人でした。講演の録音もたくさん世に出ているので、小林さんのことを好きになった人がいたら、講演録を聞いてみるのもいいかもしれません。

ここで皆さんと考えてみたいのは、「美とは何か」ということです。「美」は、たいへんとらえにくい問題です。ですから、私たちはこの問いを小林秀雄との対話のなかで考え始めようとしているわけです。

注意しなくてはならないのは、ここで私たちは「結論」を出そうとしているのではない、ということです。むしろ、「問い」に出会いたいと思っているのです。

「美とは何か」という問いは、古代ギリシアに生まれた哲学の祖プラトン（BC四二七〜BC三四七）以来、二千数百年間、哲学の中心にある大問題です。これを簡単にいい切ることはできません。

しかし、そのいっぽうで、私たちは「美」にふれたことがあるとも感じています。むしろ、「あなたは美しいものが分からない人だ」と誰かに断定されると、とても嫌な気分になる。その実感を大事にしましょう。たしかに私たちは「美」を感じている。しかし、それを明言できないのです。

こうした「美」の手応えがあれば、私たちは小林秀雄と「対話」することができます。「自分と小林秀雄はここが違うな」「ここは自分が考えたことがなかったな」ということが、分かってくる。

それでは小林秀雄の文章を読んでいきましょう。次の文章は、小林秀雄が「解《わか》る」と「感じる」について書いた一節です。

> 極端に言えば、絵や音楽を、解るとか解らないとかいうのが、もう間違っているのです。絵は、眼で見て楽しむものだ。音楽は、耳で聴いて感動するものだ。頭で解るとか解らないとか言うべき筋のものではありますまい。先《ま》ず、何を措《お》いても、

見ることです。聞くことです。

（「美を求める心」『考えるヒント3』）

　ある絵を見て、「ああ、この絵は自分には分からない」と思ったことはないでしょうか。でも、小林秀雄は、「絵と解るという言葉は結びつかない」というのです。絵は、「解る」という動詞と結びつかないという。

　現代の人たちは、いろんなことを「あたま」で「解った」ほうがよいと思い込んでいる。でも小林秀雄は「あたま」で解る前に感じてみることのほうがずっと大事じゃないだろうか、というのです。

「解る」と「感じる」というのは、今回のとても大きなテーマです。第1講で、「感じる」の「感」という字は、「うごく（感く）」と読むといいました。

　ですから、感動というのは、全身が「うごく／感く・動く」ことであることが分かります。これは単に「あたま」で「解る」ことではない。

「当たり前」を深める

こういったことをもとに、皆さんと「解る」と「感じる」がどう違うのかを考えていきたいと思います。小林秀雄は、次のようにもいっています。

> 考えるのには努力が要《い》るが、見たり聴いたりすることに、何の努力が要ろうか。そんなふうに、考えがちなものですが、それは間違いです。見ることも聴くことも、考えることと同じように、難《むず》かしい、努力を要する仕事なのです。

「見る」「聴く」といった当たり前の行為もまた、「考える」と同様、ある鍛錬《たんれん》を必要とする、というのです。慣れていないことに努力するのは難しい。いっぽうで、深く関心をもっていることに向かって努力するのは簡単です。走るのが好きな人はどんどん走る。走るのが苦手な人は走ることに対して努力するのは難しい。

小林秀雄は、現代人が頭で「解る」ことに対して努力するのは簡単だ、といいます。というのも、人は「解る」ということを何かとても大事なことだと思っているからだ、というのです。ですので、私たち現代人は「努力すれば解ることができる」ことは得意なのです。

でも、現実には、大事なことではあるけれども、努力するのが難しいことがある。それがよく「見る」、よく「聴く」ことだと小林秀雄はいうのです。多く見て、多く聴くことはそれに比べて簡単です。難しいのは、一つの何かをよく「見」、よく「聴く」ことなのです。

よく見て、よく聴くことで深く経験されるのは、意味です。「意味深い」という言葉がありますが、対象が「意味深く」感じられるようになるのです。

目には同じものを見ていても、意味がだんだん深く見えてくる。それは絵だけではありません。日常の光景も違って見えてきます。

皆さんには友だちがいます。友だちは、今日も明日もいて当たり前だと思うこともできます。でも、もし友だちと急に別れなければならない出来事に遭遇《そうぐう》したら、感じ方はまったく異なると思います。その友人との出会いに深く感謝するのではないでしょうか。

毎年、三月になると東日本大震災のニュースが流れます。皆さんと同じくらいの歳で、東日本大震災に遭遇した人がいることが報じられます。その人たちは、本当にいきなり、昨日まで一緒に遊んでいた友だちと死に別れなければいけないということを経験しました。そうしたときに人は、失った人と出会ったことの意味の深みを感じざるを得ないのです。

よく見て、よく聴くことが「学び」

よく見たり、よく聴いたりするためには、たくさん勉強しなくてはならない、そう思うかもしれない。でも現実は逆ではないだろうか。よく見て、よく聴くことこそが「学び」なのではないだろうか。小林秀雄は、私たちは日頃行っているよりももっと精妙《せいみょう》に「見」、「聴く」ことが可能だというのです。

「精妙」とは、微妙な差異を感じながら、その対象を「精《くわ》しく」感じようとすることです。小林秀雄の言葉を読んでみましょう。

> 画家でも音楽家でも同じ事で、彼等《かれら》は、色を見、音を聴く訓練と努力の結果、普通の人には殆《ほとん》ど信じられないほどの、色の微妙な調子を見分け、細かな音を聴き分けているに違いないのです。優れた絵や音楽は、そういう眼や耳を持った人の、色や音の組合《くみあわ》せなのですから、ただぼんやりとしていれば、絵は自ら眼に写って来る、音楽は耳に聴《きこ》えて来るというようなことはあり得ないのです。

こうした能力はたしかに私たちのなかにあります。親友の苦しみを受け止めようとするとき、相手の表情をじつに精妙に感じています。好きなアーティストのコンサートに行くとき、そのアーティストの微細《びさい》な体調の変化が分かることがあります。

でも、そうしたことがいつもできているかというと、そうとは限らない。小林秀雄は、よく見たりよく聴いたりするときに、いろんなことが邪魔していると考えています。何がよく見たりよく聴いたりすることを邪魔しているのでしょう。

まず、圧倒的に多いのが「先入観」です。

先入観というのは「観えてくる」のを待たないで、判断してしまうことです。たとえば、皆さんがどのように個性的な存在であるかを、私がゆっくり「観よう」としないで、自分のなかにある中学生のイメージに皆さんを当てはめることも先入観です。先入観とは「分からない」という状態にいることができない人が、拙速《せっそく》に下す判断だといえそうです。

経験を狭くする「目的」

ここまでで、よく見たりよく聴いたりするのに先入観が邪魔をしていることが分かりました。では、どうしたら先入観から自由になることができるのかを考えなくてはなりません。

今日の授業の最初に「分かる」と「分からない」を感じ分けることが大切だといいま

した。「分からない」といえなかったときの私は、自分を大きく見せようとしたり、知らないうちに自分と誰かを比べていたといいました。虚栄心《きょえいしん》といたずらな比較は先入観を助長します。

また、先入観は、「待つ」ことができないときにも起こると述べました。あるいは、人の話を鵜呑みにするところにも先入観はじつによく育つのです。

では、小林秀雄は、何が邪魔をしているのか。次の一文を読んでみましょう。

> 特になんの目的もなく物の形だとか色合いだとか、その調和の美しさだとか、を見るという事、謂《い》わば、ただ物を見るために物を見る、そういうふうに眼を働かすという事が、どんなに少《すくな》いかにすぐ気が附《つ》くでしょう。例えば、時計を見るのは時間を知るためです。だから時計を見ても針だけしか見ない。林檎《りんご》は食べるもので、椅子《いす》は腰掛けるものだ。だから、林檎が、どんなに美しい色合いをしているか、つくづく眺めた事のある人は少い。毎日坐っている椅子が、どんな形をしているか、

はっきりと見定めている人など殆どないでしょう。

その人が定めた「目的」が、本質への接近の邪魔をすることがある、というのです。皆さんの前に林檎を一つ置くとします。すると皆さんが林檎は食べるものだと思ってしまう。そこで、実際に林檎を食べてしまったら、人は林檎の赤い美しさを眺めることをやめてしまう、というんです。

でも、皆さんのなかの内なる画家が目覚めていれば、手に取ってじっと眺めるかもしれません。あるいは机の上に置いて、そこに宇宙を感じ、絵筆を執《と》るかもしれません。

小林秀雄は、椅子も例に出しています。たしかに私たちは日々使っている椅子をじっと眺めることはありません。もし、この椅子をずっと眺め続けることができたら、少しだけゴッホの気持ちが分かるかもしれません。「椅子は座るものだ」という無意識の「目的」が、私たちの経験を狭くすることはたしかにあります。

私が若い頃はしばしば、目的意識を持つようにといわれました。たしかに目的が定まることで努力の方向もはっきりします。しかし、その目的以外のことが見えにくくなることがあります。私は若いとき、寝るのも惜しんで仕事をしていたことがあります。仕事で成果をあげて、より多くの収入を得、よりよい立場を得たいと思っていました。しかし、そのとき、私の大切な人が、とても大きな試練を背負うことになります。私はそのことにもっと前に気が付かなくてはなりませんでした。でも、あまりに仕事に没頭して、周囲が見えなくなっていたのです。

もっとも大切な人が苦しんでいるときにそばにいられないような人生を送ってはいけません。それは生きている意味を自ら手放すことになります。懸命に何かを行うことは素晴らしいことです。しかし、そのときも、目的で自分の心をいっぱいにしないように気を付けなくてはなりません。

絵を見るときも同じです。「見よう」とする意識が「観えてくる」ことを忘れさせてしまうことがあります。そして、ゆっくり分からなくてはならないことを、早く分かったと思い込むこともあるのです。

さて、もうひとつ、小林秀雄は、私たちの直接的な経験を邪魔するのは、「言葉」だといいます。

例えば、諸君が野原を歩いていて一輪の美しい花の咲いているのを見たとする。見ると、それは菫《すみれ》の花だとわかる。何だ、菫の花か、と思った瞬間に、諸君はもう花の形も色も見るのを止めるでしょう。諸君は心の中でお喋《しゃべ》りをしたのです。菫の花という言葉が、諸君の心のうちに這入《はい》って来れば、諸君は、もう眼を閉じるのです。それほど、黙って物を見るという事は難かしいことです。

花を見て、それに名前を付けてしまったら、人はもう花を見るのをやめてしまう。菫の花を見て、私たちが「あ、菫の花だ」と思った途端に、ひとつの大切な経験を自分で手放しているかもしれない、というのです。

でも、ある人は「もっと多くの植物の名前を知ったら、山登りをもっと深く味わえる」といいます。それも片方では真実です。でも、いま小林秀雄が私たちにいってくれていることも、とても大事なことです。

たしかに「知る」ことは対象との距離を短くすることがある。しかし「知らない」から分かるということもあります。この二つのことは矛盾しません。ですから、何事も慣れたところに初心に返らねばならない、という自覚が生まれるのだと思います。

言葉を「精確」に知る

では、先入観や目的、あるいは言葉に惑《まど》わされずに「見る」ためには、どうすればよいのか。小林秀雄はまず「黙る」ことだといいます。

> 菫の花だと解るという事は、花の姿や色の美しい感じを言葉で置き換えて了《しま》うことです。言葉の邪魔の這入らぬ花の美しい感じを、そのまま、持ち続け、花を黙って見続けていれば、花は諸君に、嘗《かつ》て見た事もなかった様な美しさを、それこそ限りなく明かすでしょう。画家は、皆そういう風に花を見ているのです。何年も何年も同じ花を見て描いているのです。そうして出来上った花の絵は、やはり画家が花を

見たような見方で見なければ何にもならない。絵は、画家が、黙って見た美しい花の感じを現しているのです。花の名前などを現しているのではありません。

ここでの「黙る」が、単に声を発しないことに留まらないことは、皆さんもすでに感じていると思います。声に出さなくても、心のなかが言葉でいっぱいになることもあります。ここでの「黙る」は心身を鎮めるといったほうが精確《せいかく》かもしれません。「正確」と「精確」は違います。「正確」は正しいことです。「精確」は「精しく」「確かに」、あるいは精妙に認識することです。言葉を「正確」に知る。それは辞書通りの意味を覚えることです。しかし「精確」に知るとは、その言葉が、今、ここで用いられていることの意味を深く味わうということです。

画家は、眼前の菫の花を描きたかったのであって、語りたかったのではない、そう小林秀雄はいいました。画家は色と線と空間で、言葉になり得ない意味のうごめきのようなものを伝えたいと思っている、というのです。画家は、単に私たちの「あたま」に届けようとしているのではありません。「こころ」や、その先にある「いのち」に届けようとしているのです。

絵を見て何か感想をいうと、自分が感じていることと違ったことを口にしている自分も、片方にいることがある。とりあえず、どこかの本に書いてありそうな感想を話しながら、実は亡くなったおばあさんを想い出していたということもあるでしょう。でもそんなことをほかの人にいっても分かってもらえないだろうと思うから、言葉で体裁《ていさい》をつくろうこともあるかもしれない。

経験を育てる方法

このことが示しているように私たちの経験は、言葉の領域をはるかに超えています。それを言葉に置き換えた途端、大変重要なものを失ってしまうことがある。だから、私たちは自分の経験を言葉ではない形で、自分の心のなかに蓄えていく方法を考え、身に付けなくてはなりません。そうしないと、大切なものを心に宿しておくことができなくなるからです。

こうした言葉を超えた経験をどのように愛しむことができるか、小林秀雄は次のようにも述べています。

美しい自然を眺め、或《ある》いは、美しい絵を眺めて感動した時、その感動はとても言葉で言い現せないと思った経験は、誰にでもあるでしょう。諸君は、何《な》んとも言えず美しいと言うでしょう。この何んとも言えないものこそ、絵かきが諸君の眼を通じて直接に諸君の心に伝え度《た》いと願っているのだ。音楽は、諸君の耳から這入って真直《まっす》ぐに諸君の心に到り、これを波立たせるものだ。美しいものは、諸君を黙らせます。美には、人を沈黙させる力があるのです。これが美の持つ根本の力であり、根本の性質です。

美しいものは人に沈黙を強いる、あるいは沈黙を求めている、という。たしかに「感動のあまり言葉を失う」という表現もあります。では、私たちが沈黙を求められるとき、私たちの心にはどのようなちからが必要なのでしょうか。

まず、沈黙の手応えというべきものを「あたま」とは別なところで記憶するちからが必要です。誤解を恐れずにいえば、この「手応え」を記憶することができれば、何を見たかは忘れてしまってもよいのです。

でも、逆はもったいない。何の絵を見たかは覚えている。でも、そこで何を感じたかは忘れてしまった、というところに残るのは、単に見た、という出来事と表層的な情報だけかもしれません。

何の絵だったかは忘れてしまった。でも、あの日、あの瞬間に私はたしかにうごめく「美」を経験し、言葉を失った、ということであれば、その経験は、時間と共にどこまでも豊かに育っていくのです。

美とは語り得ないものである。美にふれ、言葉を失った者こそ、真の意味で美を知った者だといえるかもしれないのです。

第4講

読むと書く I

「分からない」を大切にする

これまで「おもう」「考える」あるいは「分かる」という問題をめぐって時を重ねてきました。「分かる」とは、それを明解に語れることではないことも、おぼろげに感じられたのではないかと思います。

第1講では、「おもい」という言葉を漢字にしてみました。あれだけ「おもい」が複雑なわけですから、簡単に「分かる」はずがない。

でも、私たちは「分かった」ことを自分の世界にしがちです。いつの間にか、「分からない」ことがなかったかのように扱ってしまうのです。そこにあまり意味を感じなくなってくるのです。

学校では「分かる」ということが重んじられがちです。多くのことを「分かった」人はよい成績を与えられる。

これはこれで素晴らしいことです。しかし、あることは「分かった」が、あることはいっこうに「分からない」と感じることもあるかもしれません。

これから皆さんはいろんな人、いろんな本に出会うことになります。そのなかで人生の同伴者になるような人、あるいは言葉とめぐりあうことになる。そのとき、おそらく皆さんは、知れば知るほど「分からない」という経験をするのではないかと思います。どんなに深く知っても知り尽くせない、あるいは知れば知るほど謎が深まる、といったほうがよいのかもしれません。それは、「知り得ない人」あるいは「読み終わらない本」ということになる。

でも、そういう経験をしたとき、皆さんはけっして失望も絶望もしないと思います。むしろ、「分からない」にもかかわらず、とても深い充実を感じる。

今日、皆さんとまず、感じ直してみたいのは「分からない」ことの「たしかさ」です。そして「分かった」と思い込むことの「危うさ」です。

仮にもう少し時間があって、皆さんといろんなことを語り合えるようになったとします。すると私たちは、互いに相手のことが分からないのに信頼を深めることができるようになります。互いに誠実であろうとするようになる。そして、この時間をもっと愛《いつく》しめるようになります。

でも、逆のこともあるかもしれません。時間を共にしたのに関係が深まらないこともあります。

あるとき、私が、「要は、君たちはまだ若く、未熟だということだ」といったとします。こうして喩えで話しているだけでも嫌な気分がしてきますが、聴いている皆さんは、いっそう嫌な思いをすると思うのです。

あれだけいろんなことを語り合ったにもかかわらず「要は」というような、個性も特殊性もないような、個々の人間を群れとして扱うような言葉を用いると、皆さんはそれを強く拒《こば》むと思うのです。

「要は」とは、「要約すると」ということです。しかし、真の意味で「分かる」とは、けっして要約し得ない何かに出会うという経験にほかなりません。

皆さんも私も、固有の人生を生きています。自分でもそれが何であるか分からないような謎を抱えて生きています。そして、それぞれの心のなかには、それぞれの苦しみや悲しみがあります。どこにでもある苦しみや悲しみではなく、その人だけの苦しみと悲しみが存在する。しかし人は、ただ一つのものを、よくあるもののように扱うことがある。こうした愚かさから、どうやったら抜け出ることができるのか、それを皆さんといっしょに考え、感じ直してみたいのです。

分からないけれど分かる

今回の授業ではまず、前回も読んだ小林秀雄の言葉と対話しながら、「分からない」ことの先に何があるのかを探求してみましょう。

小林秀雄は「分かる」ではなく「解る」とも書いていました。正解、あるいは解析という言葉があります。彼は「解る」は、「分かる」よりもより「あたま」に比重を置いた営みであることを表現しているのだと思います。

「歌や詩は、解って了えば、それでお了いというものではないでしょう。では、歌や詩は、わからぬものなのか。そうです。わからぬものなのです」と語ったあと、彼はこう続けています。

この事をよく考えてみて下さい。ある言葉が、かくかくの意味であるとわかるには、Aという言葉を、Bという言葉に直して、Aと言う言葉の代《かわ》りにBという言葉を置き代えてみてもよい。置き代えてみれば合点《がてん》がゆくという事でしょう。〔山部《やまべの》〕赤《あか》人《ひと》の歌を、他の言葉に直して、歌に置き代えてみる事が出来ますか。それは駄目です。ですから、そういう意味では、歌は、まさにわからぬものなのです。歌は、意味のわかる言葉ではない。感じられる言葉の姿、形なのです。言葉には、意味もあるが、姿、形というものもある、ということをよく心に留《とど》めて下さい。

（「美を求める心」『考えるヒント3』）

たとえば、「水滴」という言葉があります。これをある人は「水の滴《したた》り」と表現することもできます。もしくは、「葉の先からこぼれ落ちた朝露《あさつゆ》」と表現すれば、これもまた、水滴であることは分かります。

しかし、小林秀雄は、ここでそれが水の一滴であることを理解するのが大切なのではないという。どうしてこの人が、その表現を用いねばならなかったのかという言葉とその人との「つながり」を感じることが重要なのであって、事実を知ることが第一の問題ではない、というのです。

先の一節にあった「赤人」というのは山部赤人（生没年不詳）という『万葉集』を代表する歌人の一人です。彼の歌は『万葉集』だけでなく、後年に編まれた『新古今和歌集』にも収められています。次の一首は『万葉集』では作者未詳の作、『新古今和歌集』では赤人の歌とされています。

春雨《はるさめ》は　いたくなふりそ　桜花　まだ見ぬ人に　散らまくも惜《お》し

さほど複雑な光景ではありません。桜の季節に強い雨が降っている。そこでこの歌人は、雨に向かって、そんなにひどく降らないでくれと呼びかけるのです。もし、雨のために桜が散ってしまったら、まだ見ていない人が惜しいと思うに違いないのだから、というほどの意味です。

「まだ見ぬ人」が自分なのか、ほかの誰かなのかによって歌の解釈はずいぶん違ってきます。短歌の研究者の見解もさまざまです。赤人が桜の花の見えない部屋で歌を詠《よ》んでいるのか、あるいは、道を歩いている赤人が桜を見つつ、胸に大事な人をおもいながら詠んだのか、どのようにでも理解してよいと思います。ただ、小林秀雄がいうのは、ここで感じる胸中の光景こそが大切なのであって、正しい、ただ一つの定まった現代語訳はない、ということなのです。

もし、一つの定まった解釈しかないのだとしたら、そこにあるのは「意味の分かる言葉」ということになります。小林秀雄のいう「言葉の姿、形」は見えなくなっています。言葉を理解しようとするときは、「意味」だけでなく、同時に「言葉の姿、形」も感じるようにする、これが「解る」を超えて「分からない」地平に行き、「分からない」けれど「分かる」という経験へと私たちを導いてくれるのだと思います。

九《く》鬼《き》周造《しゅうぞう》（一八八八〜一九四一）という哲学者が「情緒《じょうちょ》の系図」という論文で「愛は常に愛惜《あいせき》である。言葉の上でも、『惜し』は『愛《お》し』にほかならない」と書いています。

「惜し」とは何かを愛してやまない心情の現れだというのです。
先の短歌を私であれば、次のようなかたちで理解します。

春の雨よ
そんなに強く
降ってはいけない

この桜の花が
散ってしまったなら
まだ

見ていないあの人に
やるせないおもいが
募《つの》ってしまう

今、試みたのは、万葉の時代の短歌という「詩」の姿を、現代詩に「翻訳」することで感じ直そうとすることです。

皆さんも心惹《ひ》かれる短歌を現代詩の姿にする、という試みに挑戦してみてください。それは単なる解釈の訓練ではなく、詩を書くという場所へ皆さんを導いてくれます。

「読む」と「書く」のつながり

今、一つの歌を「読み」、それを新しいかたちで「書いて」みました。とても素朴な試みです。しかし、こうしたことをいくつかやってみると、短歌、あるいは詩との関係は、これまでとはまったく違うものになっていると思います。

それだけでなく、皆さんは「読む」ことと「書く」ことに深いつながりがあることも理解できると思うのです。ある短歌をめぐって書いてみる。そうすることで、短歌が格段と深く「読める」ようになる。味わえるようになるのです。

小林秀雄は「書く」とは、放っておけば消えてしまうある出来事に、言葉によって姿を与えることだといいます。

> だから、赤人は、富士を見た時の感動を、言葉に現した、或いは言葉にした、と言うよりも、そういう感動に、言葉によって、姿を与えたと言った方がいいのです。感動というものは、読んで字の如《ごと》く、感情が動いている状態です。動いているが、やがて静まり、消えて了うものです。そういう強いが不安定な感動を、言葉を使って整えて、安定した動かぬ姿にしたと言った方がいいのです。

「姿」という言葉の意味が取りにくいかもしれません。これは第1講でふれた「いのち」という言葉に置き換えるとよいかもしれません。「あの人の姿がよい」というときは、その人の見た目がよい、容姿がよいということではありません。その人の「いのち」の輝きをそこに感じる、ということです。

「書く」とは、その出来事に潜《ひそ》んでいる、かけがえのないものを未知なる他者に、あるいは後世に伝えようとすることなのです。逆にいうと「読む」とは、誰かがのちの世に伝えたいと感じたことを受け止めるということなのです。

言葉を呼吸する

「読む」と「書く」は、異なる動詞ですが、まったく別な営みではありません。むしろ、とても深い関係にある。それは呼吸のようなものです。「読む」と「書く」は、言葉を呼吸することなのです。吸ってばかりでも、吐いてばかりでもいけません。

「吸う」は「読む」です。「吐く」が「書く」です。深く吸うためには深く吐かねばなりません。ですから、よく読みたければ書かなければならない。よく書きたいと思えば、読まなければならないということになります。

ただ、言葉の呼吸と身体的呼吸が異なるのは、言葉の呼吸は「量的」な営みではなく「質的」なものだということです。

本を多く読む、そうすると多く書けるようになるとは限りません。そもそも多く書くことに意味があるかどうかは簡単には判断できません。

ですが、たしかに読めるようになると、たしかな手応えのある文章を書けるようになります。多くの言葉でなくても、相手の心に、さらにいえば「いのち」に届くような言葉をつむげるようになる。

今日、皆さんと考え直してみたいのは「読む」と「書く」の質的な均衡《きんこう》です。均衡とは、ある調和、あるバランスのとれた状態のことです。

人は、よく本を読みたいと思って、たくさん本を読むことが多いものです。もちろん、たくさん本を読むことも悪いことではありません。でも、「読む」だけではどうしても分かってこないこともある。それは書き手の気持ちです。読んでいるのが小説であれば登場人物の気持ちです。自分で書いてみるとそれをいわば内側から感じられるようになります。

言葉にできないことを言葉にする

もう一つ、自分で書いてみなくてはならない理由があります。それは、「書く」という行為の可能性と限界を「からだ」で理解することです。

真剣に書けば、書くほど、世の中には言葉では表現できないことがあふれていることが分かってきます。不思議なことです。また、皆さんには、何かが好きになって真剣に学び始めてみると、分かったことの何倍も分からないことがある、ということが分かってくる、という経験があるのではないでしょうか。

小林秀雄は、「読む」と「書く」の関係をめぐって次のように述べています。

> 諸君は言うかも知れない。成《な》る程《ほど》、絵や音楽の現す美しさは、言うに言われぬものかも知れない。これを味わうのには、言葉なぞ、かえって邪魔かも知れない。しかし、それなら詩というものはどうなのか、詩は、言葉で出来ているではないか、

と。だが、詩人とても同じ事なのです。成る程、詩人は言葉で詩を作る。しかし、言うに言われぬものを、どうしたら言葉によって現す事が出来るかと、工夫に工夫を重ねて、これに成功した人を詩人と言うのです。

詩を書くとは、自分の思いを言葉に表現するのではなくて、言葉にできないことを言葉にする営みである。詩とは、いうにいわれぬもの、言葉にできないものを言葉で表現することである、と小林秀雄はいうのです。

このことはたしかに詩においてもっともはっきり感じることができますが、創造的な文章すべてにいえることです。ここでいう「創造的」とは、書き手が、借り物ではない経験、借り物ではない言葉でつむいだ文章のことです。

今、小林秀雄の文章を引用しました。引用もまた創造的に行うことができます。ある人が「対話」を行った末に出会った文章を引くとき、そこには何ともいえない迫力があります。逆もいえます。単に「あたま」で知っただけの文章が引かれているとき、それをちゃんと感じ分けられる読み手は少なくありません。

「読む」とは、何が書かれているのかを確認するだけではないのです。その書き手が、どのような書き得ないものに遭遇しているのかをしっかりと感じ、受け止めることなのです。引用の奥には、その書き手の深い沈黙があります。ときにはその言葉に出会えた喜びがあるかもしれません。

書かれた言葉は、真に読まれることによって「いのち」を帯びるのです。「読む」ということは、受け止めるという行為を通じて、意味を深めていく、たいへん創造的な営みなのです。

ですから、本当に深く読んでみたいと思ったら、書いたほうがよいのです。本当に深く書きたいと思ったら、本を読んだほうがよいのです。

「書く」とは「おもい」とつながる営み

学校では、教科書をはじめとして、さまざまなものを読むと思います。学校だけでなく、世の中も読むことをたくさん求めてきます。でも、書くことはさほどでもないかもしれません。

ここで「書く」というのは、先生が黒板などに書いたものを書き写すことではありません。皆さんが、言葉を自らの手でつむぐことによって、自分の心のなかにあるものを発見しようとする営みです。

「書く」と似た表現で「メモする」という言葉もあります。今、いったように「書く」という営みは、手を動かすまで、自分が何を思っているのか、その全貌《ぜんぼう》は分からない。しかし、「メモ」は違います。書く前に何を書き記すのかが分かっているのです。「書く」という営みは、言葉をつづることで、単なる「思い」を超えた、さまざまな「おもい」とつながることだといってもよいかもしれません。

次に引く小林秀雄の文章には、詩だけでなく、何かを書こうとするときに、注意しなければいけない、大切なことが記されています。

> 詩人は、自分の悲しみを、言葉で誇張《こちょう》して見せるのでもなければ、飾り立てて見せるのでもない。一輪の花に美しい姿がある様に、放って置けば消えて了う、取る

に足らぬ小さな自分の悲しみにも、これを粗末《そまつ》に扱わず、はっきり見定めれば、美しい姿のあることを知っている人です。

私たちは何かを「書く」ことによって、それを過ぎゆく「時間」の世界から、過ぎゆくことのない「時」の世界に移し替えようとします。「書く」とは、消えゆく現象を、不滅の意味へと変貌させることなのです。

ここで小林秀雄は「取るに足らぬ小さな自分の悲しみ」でも、その奥を見定めようとする者に言葉は、その意味の旅ともいうべき道程の案内人になってくれる、というのです。

皆さんも「かなしみ」という言葉の深みを、どこかで一度考えてみるのもよいかもしれません。「かなしみ」という言葉には「悲しみ」だけでなく「哀しみ」「愛しみ」「美しみ」「愁しみ」という表現があります。人々はこれらをすべて「かなしみ」と読んだ。「かなしみ」のなかには「愛」も「美」もあるというのです。「愁しみ」という表現を用いたのは小林秀雄の盟友でもあった中原中也《なかはらちゅうや》（一九〇七～三七）という詩人です。中也は、この言葉で永遠への郷愁《きょうしゅう》を表現しようとしたのです。

飾らない言葉で語る

先の一節で小林秀雄は「言葉で誇張して見せるのでもなければ、飾り立てて見せるのでもない」とも語っていました。言葉で誇張し、あるいは飾り立てた途端、それは詩ではなくなる、というのでしょう。詩でなくなるとは、すでに「こころ」に届く言葉ではなくなっている、ということです。

私たちは、言葉で何かを誇張したり飾り立てたりしようとするとき、世にただひとつのものを、よくあるありふれたものに変えてしまうことがあるのです。世にただひとつのものを表すときに、「すごく」といった誇張する形容詞は必要ないのです。

皆さんのなかにあるものをそのまま出せば、それは世にただひとつのものになる。だから、なるべく誇張しないこと、飾り立てないように注意することが大切です。言葉で飾らない、とは、自分に根付いていない言葉で語らないということにほかなりません。

私が皆さんの年齢の頃、「書く」といえば読書感想文でした。幾つかの本を指定され、そのなかから一冊を読んで、思ったことを書くというものです。

もちろん、感想文も「書く」ことなのですが、実は、これはテストの設問に答えるのと似ています。当時、私のクラスには感想文の天才がいて、彼はどのように書けばよい点数をもらえるのかを熟知していました。

事実、彼のアドヴァイス通りに書くとよい点数がもらえる。でも、私の隣の席に座っている人も似た文章を書いて、似たような点数をもらっていました。あのときの虚《むな》しさは今でも覚えています。

今日、皆さんと感じ直してみたい「書く」という営みは、こうした模範解答があるようなものではありません。こうした文章を書くようになると、自分の心に宿ったことではなく、世の中によくありそうなことを、それらしく書くようになります。

「心無《こころな》い」という言葉がありますが、読んでもその人の心を感じることができない言葉が羅列《られつ》されるだけになります。

もし、私たちがそうした態度で書かれた手紙を誰かからもらっても、あまりうれしくありませんね。それは書き手が、受け取る人は誰でもよいと思っているからです。

あるいは、いたずらにきらびやかな言葉、虚飾《きょしょく》の多い言葉でつむがれた手紙も、あまりうれしいものではありません。読む人は、過剰《かじょう》な表現のために、真実味を感じられなくなっているのです。

「書く」とは、言葉によって未知なる「おもい」に「姿」を与えようとする営みです。

私たちは、どうすれば飾らない言葉で「おもい」に「姿」を与えることができるのか。

小林秀雄は次のようにいっています。

> 悲しみの歌は、詩人が、心の眼で見た悲しみの姿なのです。これを読んで、感動する人は、まるで、自分の悲しみを歌って貰《もら》ったような気持ちになるでしょう。悲しい気持ちに誘われるでしょうが、もうその悲しみは、不断の生活のなかで悲しみ、心が乱れ、涙を流し、苦しい思いをする。その悲しみとは違うでしょう。悲しみの安らかな、静かな姿を感じるでしょう。そして、詩人は、どういう風に、悲しみに打ち勝つかを合点するでしょう。

「心の眼で見た」、すなわち心眼で見た光景をそのまま語ろうとするとき、私たちは「虚飾の罠」から逃れることができる、というのです。それだけでなく、そこに生まれた言葉は、ある特定の個人に起こった出来事を語るものであっても、他者の胸にたしかに届く。そればかりか読む人は、あたかも自分の心にあって、言葉にならないとあきらめていたものをすくい上げてもらったようにさえ感じる、というのです。

第1講でふれたように、心の眼で「みる」とは、「見る」というより「観る」ことです。不可視なものが心に映じてくることを経験することです。

肉眼で見るとき、周りは笑顔であふれているかもしれない。でも、心眼で感じようとするとき、私たちは先の小林秀雄の言葉にあったように、笑顔の奥にある、それぞれの人のそれぞれの「かなしみ」を感じ分けることができるのかもしれません。

「心眼」に似た言葉に「心耳《しんに》」という言葉もあります。心眼が不可視なものを「観る」ように、心耳は、声にならない「声」を聞き逃しません。声にならない呻《うめ》きを見過ごすことはないのです。

小林秀雄は、詩歌は、目と耳だけでなく、心眼と心耳で感じたことを語ろうとしたところに生まれるというのでしょう。そうした試みが成就《じょうじゅ》したとき、その言葉は、他者と自分とのあいだをつなぐ「橋」になる、というのです。

詩歌は、その歴史から見ても不可視な他者、不可視な友への手紙のようなものです。日本最古の歌集である『万葉集』も、亡き人たちへ贈る歌、挽歌《ばんか》から始まりました。見えない人への手紙として短歌は生まれたのです。

そして、詩歌は他者だけでなく、自分自身への手紙、内なる自分への呼び掛けでもあるのです。自分への語り掛けに過度な「飾り」は必要ありません。むしろ、なくてはならないのは誠実さなのです。

一人のために言葉をつむぐ

人は、どんなときに手紙を書くのでしょう。まず、受取人と言葉を交わしていないときです。多くの場合は、その人の姿が見えないところで手紙は書かれます。もしかしたら、皆さんは授業中などに、クラスメイトの後ろ姿を見ながら、手紙を書いたことがあるかもしれません。私はそうしたことをよくやっていました。

ほとんどの場合、手紙は、一人の人間から、一人の人間の心に向かって送られるものです。その一人のために全身全霊で言葉をつむぐのです。そういう風に書ければ、言葉はおのずと詩になるのです。

さらにいえば、詩は「作るもの」であるよりも「生まれてくる」ものなのです。そのことを皆さんに実感してもらえたらと思っているのです。

皆さんのなかにはもしかしたら、すでに詩を書いているという人がいるかもしれません。私が皆さんくらいの年齢のときには、詩を書くどころか、ちゃんと読んですらいませんでした。しかし、それが今となっては、私のとても大きな後悔になっています。

詩を読み、詩を書く習慣があれば、人の心も、自分の心も、あるいはこの世界のありようも、もっと確かに感じられたのではないかと思うことがしばしばあります。さらにいうと、皆さんの年齢は、詩を始めるには絶好の時期なのです。

それは、皆さんのような年齢であれば、知性も理性も感性もすでに、詩を書くには十分に育っているからです。そして、いっそう豊かに育っていく可能性もある。
詩の歴史を見ても、若くしてその天才的な才能を開花させた人は少なくありません。フランスの詩人アルチュール・ランボー（一八五四〜九一）は、十五歳で詩を書き始め、二十歳になる前には詩を書くのをほとんど止めてしまいます。しかし、その言葉は今も、人々の心を動かし続けています。

皆さんにランボーを模倣して欲しいというのではないのです。皆さんはどこまでも、個々の人間、固有な人間であり続けなくてはなりません。お伝えしたかったのは、十代という年齢は、詩を書き始めるのにとてもよい時期だということです。

詩は、言葉の姿をした贈り物にもなります。それはどこかにいる他者に向けてだけではありません。

人は、自分にだって詩を贈れます。今、自分は、どうにか元気でいる。だけど、もしかしたら十年後の私は、人生の壁にぶち当たっているかもしれない。そのとき、いま自分が書いた詩を、きっと十年後の私が必要とするだろう、そう思って詩を贈るのです。

また、過去の自分に贈ってもよいかもしれません。あのときは悲しいだけだった経験は、今、愛とは何かを教えてくれている、そんなことをむかしの自分に書き送ることもできるのです。

第5講

読むと書く 2

一冊を深く読む

前回は、「書く」とは「書き得ないこと」を表現しようとする試みだという話をしました。このことは、「書く」ことだけでなく、「読む」ことにもあてはまります。

皆さんは、なるべくたくさんの本を読みたいと思うかもしれない。これは、「広く」読むということです。もちろん、それは素晴らしいことです。でも、その一方で「深く」読むことも忘れないでほしいのです。

「深く」読める本に出会わないと「深く」読むことは始まりません。ここでいう「深く」読むとは一年程度では読み終えることができない本のことです。読めば読むほど謎が深まるような、読めば読むほど意味が深まっていくような本のことです。

どんどん読める、これも読書の楽しみの一つです。でも、今の私には歯がたたない、まったく太刀《たち》打《う》ちできない、そんな本にも出会ってほしい。そうしたことが起こるのは、内容が難解だという理由だけではありません。知識だけでなく、人生の経験も十分でなく、読み終えることができないからです。難しいからではなく、自分のなかにその言葉と向き合う準備がまだできていないからです。そういう言葉に出会ってほしいのです。

　そうした経験を重ねていくと、十年かけても「読み終わらない本」にも出会えます。私も何冊かそうした本に出会うことができました。「読み終わらない本」とは読みつくせない本でもあります。読み終えることができないからこそ、深く交わる意味があるともいえます。

「読む」とは、誰かの書いたことをなぞる行為ではありません。「書く」ということも、言葉に「いのち」を与える行為ですが、「読む」という行為もまた、言葉に「いのち」を吹き込むことです。

　人が一生懸命書いた手紙を一生懸命読めば、そこに「いのち」が湧く。人が一生懸命書いた手紙をいい加減に読めば、そこに「いのち」が湧くわけがありません。たとえば、私が皆さんが書いたものを適当に読めば、そこからは何も生まれません。でも、皆さんが書いたものを、ある熱情をもって読めば、必ずそこには何かが生まれます。

「書く」にも同じことがいえます。そこに書かれた文章のうまい、下手はあまり関係がないのです。問題は、そこにそれだけの「いのち」が注がれているかです。

言葉は、誰がいつ使っても同じものではありません。誰に向けて言葉を届けるかによって、決定的に変わるものです。言葉とは、皆さんがどのようにそれを使うかによって、はたらきを変えるものなのです。

「言葉の種子」を探す

この授業をとおして、皆さんと探してみたいと思っているのは「言葉の種子」です。それは「意味の種子」といってもよいかもしれません。

種は、黒くて小さい。だから、ふだんはまったく目に入りません。本当に凝視《ぎょうし》しないと種を見つけて拾《ひろ》うことはできません。でも大事なものというのは、黒くて小さくて、道端に落ちているものなんだということをお伝えしたいんです。

皆さんは最近、道などで種を拾ったことがありますか。もしかしたら小さい頃はあるかもしれない。私も小さい頃はよく種を拾って家に持ち帰りました。何かとても惹かれるものがあったのだと思います。でも今は、そうしたことはしません。

でも、その代わり、人生の旅路では、言葉の種子、意味の種子をずっと探しているような気もします。多くの人が通り過ぎた言葉の道で、しゃがみこんで何かを探している、そんな自分がいます。

目立つ花が咲いていれば、見つけやすいでしょう。でも本当に大事なものは、しばしば種子の形をしている。このことを覚えておいてほしいのです。

皆さんには、種子を見つけるだけでなく、それを自分の心のなかに植え、育ててほしいのです。

種子に必要なのは、「土壌《どじょう》」と「光」と「水」です。ここでいう「土壌」は心です。さらにいえば「いのち」です。「光」は、皆さんが苦しみや悲しみの彼方に見出していく小さな希望です。「水」は汗ともいえるのですが、やはり涙です。

涙というのは面白い字で、「氵（さんずい）」に「戻る」と書きます。私たちを自分のあるべき場所へ戻してくれるのが、涙の働きなのです。

私たちは、何に対しても涙できるわけではありません。自分の本当に大事なものが傷ついたり、傷つけられたり、自分の愛する人を失ったりしたときに涙が出る。

桃栗三年柿八年という言葉があります。三年なり八年なりかかって、やっと何かが実るということです。ですので、皆さんも焦らなくていいので、自分の種をしっかり見つけて、投げ出さないことが大切です。

朽ちない言葉はどこにあるのか

さて、今日は一人の詩人を紹介します。ライナー・マリア・リルケ（一八七五〜一九二六）という人です。

一八七五年、リルケは、現在のチェコの首都プラハに生まれたのですが、国籍はオーストリアです。母語はドイツ語でした。リルケは、一九二六年に亡くなっていますが、当時のヨーロッパは第一次世界大戦をはさみ、大きな混乱のなかにありました。

しかし、それは見方を変えれば、「国境」がさまざまな意味で動く時代でもあり、リルケは、多くの時間を故郷の外で過ごすことになります。そうした生涯が象徴するように、彼はドイツ語文化圏だけでなく、近代ヨーロッパを広く代表する詩人だといってよいと思います。

今、リルケを読み直す意味は、いくつかあると思うのですが、その一つに外的な制限を超えた内なる世界を感じ直すということがあげられると思います。

世界の多くの人は国、あるいはそれに準じる地域共同体に属しています。しかし、私たちのアイデンティティは、そこに限定されません。アイデンティティは一つではない、ということは、先にお話ししました。それぞれの人が、多様なアイデンティティを持ち、互いにそれを認め合いながら、分かり合う、そうしたことが実現されるのが詩の世界であることをリルケの生涯は象徴しています。

人は、目に見え、感覚できる世界、すなわち外界――同じ国、同じ地域、同じ職場、同じ学校に所属しているなど――においてつながるだけでなく、内なる世界、内界においてもつながりを持つ、リルケはそう信じていました。言葉を扉にした内界は、「時間」ではなく「時」の世界だというのです。

> あの、もっとも大きな「開かれた」世界では、(過去の人、未来の人)すべての人が存在しています、「同時に」とは言われません、時間の欠落こそ、彼らみんなが存在することの条件なのですから。無常性はいたるところ、深い存在へと落ち込みます。それでこの世のすべての形姿は、時間に制約されたものとして用いられるのみならず、私たちにできる限り、あの私たちの関与する優れた意味の中へ組み入れられなければなりません。
>
> (「ヴィートルト・フォン・フーレヴィチュ宛書簡」『リルケの言葉』高安国世訳編)

私たちは「時間」という狭い世界に生きている。詩は、私たちを「時間」の世界の彼方にある「開かれた」世界へと導いてくれる、とリルケはいうのです。「開かれた」世界では、現在だけでなく、過去も未来も一つの「時」として存在しているというのです。でも、リルケはここで「時間」の世界と「時」の世界は「同時に」存在しているのではない、とも書いています。「同時」という感覚がすでに「時間的」だというのでしょう。また、ここで「無常性」といわれているものは、消えゆくもの、はかなさのことです。「時間」の世界でははかないものも、「開かれた」世界では別な意味を持って存在しているというのです。

計測可能な量的「時間」の感覚ではなく、質的「時」の感覚をもって、こうした言葉と向き合うとき、リルケのような故人も過去の人ではなく、新しい「今」における対話の相手になるのです。

現在・過去・未来が「時間」の秩序を超えて、融合する。これはリルケだけでなくさまざまな人が語っています。

たとえば、仏教の経典では現在・過去・未来を「三世《さんぜ》」といい、仏はそれらを等しく眺め、はたらきかけていると説きます。あるいは、ローマ時代の哲学者セネカ（BC四頃〜六五）は、『生の短さについて』（大西英文訳）という本で、賢者とは現在・過去・未来という時間を融合して、一つの「時」として生きる者だと語っています。

時間を超えた「時」の世界を生きること、それがリルケにとっての日常でした。彼のような人間の存在によって、私たちもまた、リルケほど明確に感じることはできないとしても、自分の人生に「時」を招き入れることができるのだと思います。それを実現する、もっとも身近な行為が「書く」ということなのです。

まず、彼の『若き詩人への手紙』の一節を読んでみましょう。

> だから一般的なモチーフを避《さ》けて、あなた御自身の日常があなたに提供するモチーフへとのがれて下さい。あなたの悲しみや願いや、過ぎ行く思いや、何か一つの美に対する信仰などをえがいて下さい——それらすべてを、熱烈な、しずかな、謙虚な誠実さをもってえがいて下さい。そして自らを表現するために、あなたの身のまわりの事物を、あなたの夢の中の姿を、あなたの追憶《ついおく》の対象を用いて下さい。
>
> （『若き詩人への手紙』高安国世訳）

『若き詩人への手紙』は、いわゆる作品ではありません。これは、リルケが、これから本格的に詩を書いてみたい、という若者に書いた本当の手紙なのです。手紙を装《よそお》った創作ではないのです。

リルケは、よく手紙を書く人でした。前回の授業で、詩は手紙のようなものだという話をしましたが、彼はそれを文字通り実践した人です。彼は幾つも素晴らしい作品を残していますが、彼の手紙は、ある意味で作品を超えた、異次元の作品だといえるかもしれません。もし、皆さんが詩を書いてみたいと思ったら、『若き詩人への手紙』をいつも手の届くところに置いておくのもよいかもしれません。

今日、およそ百年後の私たちが、今なおリルケの手紙を読めるということは当たり前のことではありません。受け取った人が読んだ後に捨てていれば、それが後世に伝わることはないからです。

注目すべきは、リルケの手紙をもらった人が捨てなかったから、私たちが読める、という事実だけではありません。それはもらった人の近くにいつもあり、出版社がそれを出版したいと声をあげたらすぐに集められるような状態になっていたわけです。捨てなかった、というより、捨てられなかったといったほうが精確なのでしょう。そして、それは愛しむものですらあったように思います。

今、私の手元にある『リルケ書簡集』（人文書院）には五百七十五通の手紙が収められています。全部で三千通ほどの手紙が残っているといわれています。リルケは、自分の書いた手紙を世の中の人が読むことになるなど、想像すらしなかったと思います。しかし、人が、ひとりの人に本当に心を込めて書いたものは、書き手の意図を超え、世紀をまたいで人々の心を打つのです。

これが言葉の理《ことわり》なのかもしれません。ですから、私たちも、たくさんの人に向けて書くのではなくて、ひとりの人に向けて、本当に心を込めて言葉をつむげば、その言葉はそう簡単には消えないのだとも思います。多くの人に読まれたい、多くの人から称賛を浴びたいと思って書いた言葉というのは、意外と早く消えていくかもしれないのです。

同時代で本が十万部も売れるということは、経済的には大きなことかもしれませんが、それだけで意味的な価値が約束されるわけではありません。多くのベストセラーは翌年には顧《かえり》みられることはないからです。

皆さんに感じ分けてもらいたいのは、朽《く》ちることのない言葉はどこにあるのか、ということなのです。また、容易に消えることのない言葉は、どのような姿をしているのか、ということです。

言葉の通路を見つける

手紙を書くとき、皆さんが最初に決めるのは、何を書くのかではなく、誰に向かって書くか、です。誰に向けて書くかが決まれば、何を書くかが自《おの》ずと決まってくる。詩も同じです。皆さんに一度、考えてほしいのは、誰に向けて書こうとしているのかなのです。

たとえば、私が編集者に手紙を書こうと思ったら、書くことは自ずと決まります。もしくは私が、亡くなった恩師に書こうと思うと、書くべきことはおおよそ決まってくる。ですから、誰に向かって書くのかという問題は、じつに重要な意味を持つのです。

手紙を書く相手が必ずしも生きている人でなくても構わないと思います。ですから、私たちはリルケに手紙を書くことさえできるのです。「リルケさん、あなたの言葉を今日の授業で読みました」ということを書き始めることができる。でも、そんなことをする人は少ないです。ばかばかしいと「あたま」で思うからです。

いっぽうで、代表作である『ドゥイノの悲歌』に歌われているように、リルケにとって詩を書くとは、自らの思いを語ることではなく、天使と死者から言葉を預《あず》かることでした。自分が詩を作るというよりも、どこからともなくやってくる言葉の通路になること、それが詩人の使命だと考えていました。

今は天使に関して詳しくはふれません。それは美の神々の使いということです。亡き人の声は耳には聞こえません。文字で読むこともできない。その姿を目で見ることもできません。しかし、言葉によってつながることはできるかもしれない。それが、いつの日か、人間が発見した言葉の通路というべきものなのです。

こうしたことを比喩として話しているのではありません。私たちの日常はむしろ、そうした理によって成り立っています。人は誰もが、心のなかで誰にも聞こえない「コトバ」で亡き者たちや人間を超える者に呼びかけます。それが祈りです。特定の宗教を信仰していないという人は日本には少なくないと思います。しかし、生まれてから、一度も祈ったことがない、という人はあまりいないのではないでしょうか。私たちは、日常的に言葉だけでなく、もう一つの「コトバ」とも関係を深めているのです。

ここでの「コトバ」とは、非言語的な意味の現れです。絵における色や線、音楽における旋律《せんりつ》などは典型的な「コトバ」です。

私にも不可視な読者がいます。越知保夫《おちやすお》（一九一一〜六一）という人物です。彼は生涯一冊も本を出さないまま亡くなった人です。しかし、その言葉は、没後六十年が経とうとしていますけれど、いまだに読まれています。私はこの人物に批評とは何か、詩とは何かを教えてもらいました。

批評とは、作品の出来不出来を評価することではありません。それが何であるのかを探求することです。私たちが感覚できるものの奥に何があるのかを言葉のちからを借りて追い求めることです。

越知保夫は詩も書きました。彼もリルケを愛し、小林秀雄を敬愛していました。彼にとって詩を書くとは、彼方の世界の光景を描き出すことにほかなりません。

彼方の世界とはリルケがいうように天使たちの世界であり、亡き者たちの世界であり、そして、私たちの心の世界、さらにいえば「いのち」の世界です。詩作とは彼らにとってその世界の実情を描き出そうとすることだったのです。

特別な体験はいらない

もう少しリルケの『若き詩人への手紙』にある言葉を読んでみましょう。「もしあなたの日常があなたに貧しく思われるならば、その日常を非難してはなりません、あなた御自身をこそ非難なさい」と書いたあと、こう続けています。

> あなたがまだ本当の詩人でないために、日常の富を呼び寄せることができないのだと自らに言いきかせることです。というのは、創作する者にとっては貧困というものはなく、貧しい取るに足らぬ場所というものもないからです。

ここでリルケは、詩を書くのに特別な体験はいらないし、特別な出来事も必要ない。そして、自分の日常が貧しいから詩を書けないと不満を感じているだけではいけない。しかし、日常のなかに潜んでいる当たり前なものを見逃さない「眼」を開いていなくてはならない、というのです。

これは、誰もが陥りやすい罠かもしれません。私もそういうことを考えている時期がありました。「自分には経験が足りないから、自分の思うように物が書けない」「自分は経験が足りないから、うまく考えることができない」。人はそう思いがちです。

でも、リルケはけっしてそんなことはない、というのです。私たちは自分の経験の意味をあまり顧みていない。自分の経験を素通りしている、というのです。

ここで少し言葉を感じ分けるためにあえて、定義をしてみましょう。それは「体験」と「経験」の違いです。

これからお話しすることは、私の着想ではありません。森有正《もりありまさ》（一九一一～七六）という哲学者が語ったことです。森有正もリルケを愛した人でした。

彼は「体験」とはその人を自分の世界に閉じ込めることで、「経験」とは自己を深化させ、同時に世界に向かって私たちを開いていくものだというのです。

森有正の言葉をもう少し味わってみましょう。「体験」をするとき、とても視野が狭くなりがちです。そして、深まらない。流れていくという語感があります。

いっぽう、「経験」は座標軸が全く違います。私の感覚では、十年一日のごとく、というのが経験の感覚です。ある人にいわれたことが、十年後にやっと分かる、そうしたこともまさに経験的な出来事です。

いま読んだリルケの手紙には次の一節が書き記されています。

> そして、たとえあなたが牢獄《ろうごく》に囚《とら》われの身となっていようと、壁に遮《さえぎ》られて世の物音が何一つあなたの感覚にまで達しないとしても——それでもあなたにはまだあなたの幼年時代というものがあるではありませんか、あの貴重な、王国にも似た富、あの回想の宝庫が。そこへあなたの注意をお向けなさい。この遠い過去の、沈み去った感動を呼び起すようにお努めなさい。

ここでいう「幼年時代」とは、単に幼い時代のことではありません。世界をまっすぐに見ていた時代という意味です。何か社会的な目的に従って世界を見るのではなく、直《じか》に見ることができた時代ということです。そこで経験されたことこそが、詩のモチーフになるにふさわしい、というのです。
「モチーフ（motif）」という言葉は、「主題」と訳されることもありますが、もっと動的なものです。「動機づける」という動詞は英語でmotivateと書きます。ラテン語の「動かす（movēre）」が語源で、私たちを突き動かすはたらきのことです。リルケは、それを外界にではなく、内なる世界に見出すことを若者に促すのです。

「貧しい言葉」を好む

次は、リルケの手紙ではなく、詩を読んでみましょう。これはリルケの初期の詩です。彼は、「貧しい言葉」を好むと歌います。

日常の中で困窮《こんきゅう》している貧しい言葉を、
人目につかぬ言葉を、私は大へん好む。
私の祝宴《しゅくえん》から私は彼らに色彩を贈る、

すると彼らは微笑み、だんだん快活《かいかつ》になる。
彼らがおずおずと心の内に圧《お》し殺していた本質が、
新しくまたあらわれてくる、だれの目にも見えるほど。
彼らはまだ一度も詩の中を歩いたことがない、
いま身ぶるいしつつ彼らは私の歌の中を歩く。

（「『初期詩集』より」『リルケ詩集』高安国世訳）

ここでいう「貧しい言葉」とは、人があまり見向きもしないような言葉です。世の人がそれは凡庸だというような言葉です。現代の日本であれば「愛」や「祈り」あるいは「熱情」なども「貧しい言葉」かもしれません。人々が、その意味を見失った言葉です。詩人の使命とは、こうした「貧しい言葉」に新しい息吹を吹き込むことだというのです。

さらにリルケは、詩を書くとは、誰かが色を塗ったような言葉を、相手に贈ることではなくて、もともと言葉の内に秘められた自然の色彩を贈ることだというんです。世の中が扱っている記号としての言葉ではなくて、生ける言葉を届けることだというのです。

人生を決定する一語

だから言葉は、一見みじめに見えるものでも、自分で育て上げることができれば、それが皆さんの人生を支える一語になることだってあります。

リルケは、次のような詩も残しています。

わたしたちの最後から一歩手前の言葉は
みじめな言葉かもしれない、
しかし、母なる良心を前にして
わたしたちの最後の言葉は美しいにちがいない。

なぜなら、どんな苦《にが》さも

押《おさ》えることのできない
ひとつの望みのすべての努力を
ひとつの言葉に要約しなければならないのだ。

（「〈フランス語の詩〉より」『リルケ詩集』高安国世訳）

人には「私の一語」、「人生の一語」というものがあるのです。私にとってはそれは「悲しみ」という言葉でした。私にとっては、ある耐えがたい悲しみの経験があった。でも、私が悲しみから一歩足を踏み出すことができたのは、「悲しみ」という言葉の本当の意味が分かってきたからです。

皆さんにとってもそれぞれの人生の一語があります。それを、ある熱情をそそいで探してほしいんです。

自分にとってかけがえのない一語は、皆さんの人生を決定する言葉になります。それはリルケがいうように、大変貧しい姿をした言葉なんです。そんなに特別な言葉ではないのです。別に王様の王冠のように輝くような言葉ではありません。誰もが使って、使い古した、改めて考えてみるまでもないような日常的な言葉なんです。

「人生の一語」はおそらく、生涯にいくつか見つけなくてはならないのだと思います。たとえば十年にひとつかもしれません。皆さんは今、十四歳ですね。だからもし、皆さんが今、人生の一語を見つければ、二十四歳になったらまた見つけて、また十年後に見つけていく。

だから、たったひとつの言葉を見つけるのに、大きな熱情を費《つい》やしたとしてもおそらく、皆さんが後悔することはないと思います。それほど充実した経験なのです。その過程も、その一語との邂逅《かいこう》も、です。

世の中は、皆さんに何でも早く、たくさん覚えるのがいいというかもしれません。早く、多く覚えられることはそれでもかまいません。しかし、そうできないものには時間と熱情をそそがねばなりません。

一見すると非効率だけど、かけがえのないものは、自分自身で探さなくてはなりません。なぜなら、それはほかの誰も皆さんに与えてはくれないからです。皆さんはそれを「読む」という経験のなかで見つけるかもしれません。しかし、それは「書く」ことにおいても起きるのです。人は、「書く」とき、自分の言葉の最初の読者でもあるからです。

私たちは「人生の一語」をすでに自分の内に宿しています。誰からも与えてもらう必要はないのです。生きるとは、自分のなかにすでにあって、見過ごしている何かを見出そうとすることにほかなりません。

そのとき「読む」と「書く」という営みは、たしかにその道へと私たちを導いてくれるのです。

第6講

対話する I

対話が始まるとき

今日は、「対話」とは何かをめぐって皆さんと考えを深めていきたいと思っています。「読む」ことと「書く」ことが、場合によっては、先人とのあいだで行われる対話であることとは、先の授業でふれました。「読む」と「書く」が呼吸の関係にあるように、対話における「聞く」と「話す」もまた、呼吸の関係にあります。

対話と似た表現で「会話」という言葉があります。まずは、その差異を感じるところから始めてみましょう。

もちろん、皆さんはこの二つの言葉を知っていると思います。対話と会話は、重なるところもありますが、やはり違います。むしろ、似て非なるものだといったほうがよいのかもしれません。

今、私が皆さんと「対話」ができているかというと、それは分かりません。でも、会話をしているかどうかの判断は難しくありません。

たとえば、「昨日、何をしていましたか」と私が質問する。すると、皆さんが何か答えてくれる。昨日の行動という一点でつながっていれば、内容が深まらなくても会話は成り立ちます。まったく接点がないと会話ではなく「発話」だけがあった、ということになりますが、会話はさほど深い関係がなくても成立する。会話は、さほど分かち合うものがなくても始まってしまうんです。でも対話は違います。

対話は、分かち合うべきものがなければ始まらない。今日皆さんと深めてみたいのは、会話ではなく「対話」の可能性です。

ここに一冊の本があります。『読書と思索』という書名で、作者は田《た》中《なか》美《み》知《ち》太《た》郎《ろう》（一九〇二〜八五）という哲学者です。彼は、古代ギリシア哲学の優れた研究者であり、自身も独創的な哲学者でした。そして、よき随筆の書き手としても知られています。

この本を私は、高校生の頃に買いました。そして、言葉を分かち合うとはどういうことか、という点においてたいへん影響を受けました。私は新潟県の生まれですが、この人物も同郷です。彼の生年は小林秀雄と同じ、厳密には田中美知太郎のほうが数カ月早く生まれています。

亡くなったのは、一九八五年です。田中美知太郎は小林秀雄と親しくもしていました。小林秀雄の死は知らなかったのですが、田中美知太郎が亡くなったという報道があった日のことは覚えています。

何を申し上げたいかというと、私にとって小林秀雄は歴史上の人物という感じなのですが、田中美知太郎は同時代人という感じがするのです。歴史のなかに対話の相手を見出すのも意義深いことです。しかし、同時代にもそうした人を幾人か発見するのもよいと思います。

対話・会話・雑話

さて、「会話」と「対話」をめぐって田中美知太郎は書いています。

> 言うまでもないことだが、二、三人で話をする時と、たくさんの人数で話し合う時とでは、事情がだいぶ違って来る。多数の人が話し合う場合には、ある種の統制

が必要なのであって、いわゆる会議形式の話し合いでは、議長とか、進行係とかいうような人たちが、いろいろ世話をやいて、そういう秩序をつくってくれる。そうしないと、話し合いは一向に進まないで、下手をすると、蜂《はち》の巣をついたような騒ぎだけになってしまうからだ。

（「自分の考えを大切にしよう」『読書と思索』）

ここで語られているのは「会議」であって、「会話」ではないのではないか、と思うかもしれません。皆さんもいずれ、社会に出て会議に出ることがあると思います。そこで経験するのは、会議はしばしば「会話」のように行われる事実です。それもときには、本当に皮相的な会議があり、ほとんどの場合「深まる」ということはないのです。

会議と会話が似ているように、雑談と会話も似ています。雑談と同じ意味で「雑話」という表現もあります。「対話」「会話」「雑話」という三つの「話し合い」があるわけです。

先の一節には「蜂の巣をついたような騒ぎだけになってしまう」という一節がありました。雑談／雑話ではこうしたことはめずらしくありません。

そう書くと雑談／雑話に意味がないように見えるかもしれませんが、それは違います。世の人が雑談／雑話と呼んで、あまり顧みない言葉の交わりはしばしば、その本質において対話になっていることがあるのです。

私たちが親しい友だちに本当に求めているのは、何気ない雑談／雑話のような姿をしていて、中身は対話であるような言葉のやりとりではないでしょうか。そんな相手と話しているとき人は、とても深く安心することができます。

そのときにしか生まれない言葉

いっぽう、ある人数が集まった場所、いわゆる人前で話すとなかなか言葉が深まらない。むしろ、浅くなる傾向があります。その典型が会議ではないかと田中美知太郎はいうのです。

先に引いたのと同じ文章には、「しかしこのような会議形式の話し合いで、どれだけのことが話し合えるのか。実際の経験から言えば、わたしたちの考えていることの極《ご》く皮相の一部分が、その場の空気に合わせて発言されたというだけのことで、話し合いというようなところには行かないでしまうことが多い」と記され、こう言葉が続きます。

> もしその会議が、あらかじめ一部の人たちの計画にもとづいて、一定の結論を出したり、決議をしたりするために招集されたものであったりするならば、そういう傾向はますます強くなると言わなければならないだろう。だから、会議形式で話し合いをするということは、なかなかむつかしいことで、徹底的な話し合いというようなものは、ほとんど不可能であると言ってもよいのではないか。

人が集まって何かを話すときは、その場の空気に合ったことしか話さない場合が多い。会議は、ほとんどの場合、事前に議題が決まっていて、それにそって進行します。ですから、当然、発せられる言葉も「予定された会話」になることが多い。その場だからこそ発せられるような自然な会話は稀《まれ》です。そして、その会話が、対話へと変貌することも少ないのです。

今、自然な会話といいました。ここでいう「自然」とは、「造られた」ものではなく、「生まれてきた」ものだということです。花でいえば、造花ではなく、生花でなくてはならない。

つまり「いのち」あるもの、ということです。その場、そのときにしか生まれない言葉は、会話から対話へと変貌することがある。

造られた話、というのは文字通り「造花」のようなものです。それは、場の雰囲気を作るために、世の中にはなくてはならないこともある。でも、どれも似たもので、枯れることはありませんが、香りもしません。

いっぽうで、対話は、生きた花、「生花」です。花といってもいろんな花がある。同じ花はありません。それは季節がめぐれば、枯れてしまいます。でも、香りがする。その香りは見えないのですが、その場を一つにするちからがある。対話の「コトバ」にはどこか香りがあるのです。

いえないことを聞く

もう一点、会議では議事録が残されます。発言が記録されるのです。会議では発言されたことがすべてです。しかし、対話は、「発話」と「沈黙」の双方が意味を持ちます。あるときは、沈黙のほうが、発話よりもちからを持つ。

ですので、対話の場合、記録を残すのは大変です。話されたことをそのまま文字に起こしてもその場の雰囲気は伝わりません。たとえば、皆さんがクラス全体で、あることを真剣に討議することになったとします。そしてそれがだんだんと深まって「対話」になっていったとします。

そのときに皆さんは、人の発言だけに気を配っているだけでなく、何がいわれないのか、どんなことがいい得ないのかを感じながら、相手の言葉を受け、自分の言葉を発するのだと思います。皆さんにも、そういう経験があるかもしれませんが、大切なことほど、言葉になりにくいものだからです。

会話が対話になるためには、相手のいわないこと、いわないで感じていることを、非言語的な「コトバ」として、みんなで感じ、支え合っていかなければなりません。私たちは言葉として表されたものを額面通りに受け取ってしまいがちです。私たちが人と喧嘩《けんか》するときや、相手とうまくいかないときというのは、その人の言葉しか聞いていないときです。

その人がいえないことを聞けなくなっているとき、私たちはその人のことを一方的に責めてしまう。あるいは自分が分かってもらえないと思って不満を募らせることもあるかもしれません。

対話の条件

ですから、対話のとき、私たちに必要なのは饒舌《じょうぜつ》な相手ではありません。何もいわなくても分かってくれる、そう思える相手です。

よき対話の相手に出会えることは人生の幸せです。ある時間を費やして、そうした人を探しても、後悔することは少ないと思います。

対話の相手を探すのはとても意味深い営みです。しかし私たちは、誰かの対話の相手になることもできるのです。

むしろ、今日皆さんと考えてみたいのは、対話の相手をどう見つけるか、ではなく、どうしたら、よき対話の相手になることができるか、なのです。

そのためには、よく「話す」人になるよりも、よく「聞く」人になることです。

「聞く」という漢字には「門（もんがまえ）」があります。神社やお寺に行くと、門があります。「門」は、人間を超えたものを意味しています。つまり、聞くとは、もともと人間を超えたものの声に耳をすませるという営みで、沈黙を聞くという行為を指しているのです。

しかし、現代人は、いつの間にか人が話す言葉ばかりを聞くようになった。前回の授業で、言語である言葉と、非言語のコトバの違いにふれました。会話は言葉だけでも成り立ちます。むしろ、人は、相手と気が合わないとき、会話を言葉で埋めることがあります。でも、信頼関係が生まれてくると、言葉よりも、さまざまなコトバによって対話をするようになる。あるときはまなざしで、あるいは行為で、そして沈黙によっても「語り合う」のです。

対話が実現しているとき、言語はあまり役に立たないこともあります。たとえば、皆さんが好きな人といっしょにいるときなどを思い浮かべればすぐに分かります。そうしたとき人は、言葉よりも先に、その場の空気にさえ意味を感じるものです。

いかに深くコトバを分かち合うことができるか、それが対話の条件です。人は本当のことは口に出さない。むしろ本当のことは言葉にならない。

本当に苦しいとき、人は苦しいとはいいません。悲しみの底にいる人もまた、悲しいとはいわないものです。言葉にならない何かを前にしているから苦しく、そして悲しいのです。苦しみとは、苦しいといえない状態だといってもよいのです。そして、悲しみとは、悲しいと告げる力さえも失った心のありようにほかなりません。

言葉にならないわけですから、相手の沈黙をまるごと受け取るほかありません。たとえば今、私が「何か苦しいことがあったらいってごらん」といったとしても、皆さんは本当のことはいわないと思います。本当のことは、言葉にならないということが分からないような人に、人生の秘密を語ろうと思わないのは自然なことです。

皆さんの友だちが、楽しそうにしているから、この人は元気だ、苦しいとはいっていないから苦しくない、皆さんがそう思い込んでしまったら、対話は始まりにくいかもしれません。そうした相手に人は、なかなか心を開こうとはしないものです。

沈黙によってつながる

「聞く」とは、究極的には聞こえないものを「聞く」ことである、と先にいいました。「話す」も同じです。

それは発話によって、語り得ない何かを伝えようとすることです。

こうして、本当の意味での「聞く」と「話す」が実現するとき、そこによこたわっているのが沈黙です。あまり意識していないかもしれませんが、皆さんは、私に沈黙を捧《ささ》げてくれているのです。私はそれを受けて話しています。皆さんが沈黙をこの場に捧げてくれていて、私がそこに声で応えているんです。一緒に場を作っているんです。そこが「話す」という行為が始まるところです。

今、私は皆さんに向かって話をしています。私が皆さんに向かって話ができるのは、皆さんが黙ってくれているからです。皆さんが休憩時間のときのように会話を始めたら、私は今のように話すことはできません。

それは、皆さんが深い沈黙と共に対話をしていても同じです。皆さんが深い沈黙を自分のほうに引き寄せているとき、それは会話ではありません。こうしたとき、私が対話をしようと思ったら、私もまた沈黙するほかない。沈黙によってつながるのです。

本当の「知識」とは

沈黙は、目に見えず、手でふれることもできません。しかし、その存在を認識することはできます。

「認識」という表現は少し難しく感じるかもしれません。しかし、ゆっくり味わってみるとけっして難解ではありません。

「認」は「認《みと》める」ということです。「確認」という熟語があります。問題は「識」です。これは「しる（識る）」と読みます。

通常私たちが使うのは「知る」という文字です。「知る」と「識る」の違いが分かってくると「認識」とは何かが分かってきます。

「知る」は「知能」「知識」という言葉があるように、現代では「あたま」の営みを指すようになりました。しかし、古くは違ったのです。「知識」は、情報に類《るい》するものではなく、たとえば仏教の世界では、善きこと、あるいは善きことを行う人を意味しました。しかし、近代になってここから「人」の気配が消えていきました。

もうひとつの「識る」は、「意識」の「識」でもあり、心で識っていくということです。あるものを心、あるいは全身で知っていくということです。

つまり、私たちが生きるとは何かということを「知っている」のか、「識っている」のか、ここには大きな違いがあるわけです。

「知る」は「○○について知る」ということです。たとえば、私は皆さんが、中学校の何年何組に集まっている人たちであることを知っていますが、そんなことは皆さんがどういう人間かという本質とは関係がありません。

「識る」とは、本質を識るということです。だから、皆さんはこれから何かと向き合うときに、自分はどちらの「しる」を行っているのかを区別できるようにしておかなくてはなりません。

上辺だけを見ていると「知る」になってしまう。でも、私たちの世界には「知る」だけではなく「識る」ことを求められることがある。この二つが合わさると本当の「知識」になる。「あたま」で知るだけではなくて、心で識ったとき、本当の知識になっていく。だから「あたま」で知るだけでは終わらない何か、というのが大事なのです。

自分と誰かを比べない

「認識」に似た表現で「認知」という言葉があります。「認知症」という症状を聞いたことがある人も少なくないと思います。加齢が原因とは限りませんが、多くは老化によってかつてのように脳の機能が働かなくなって、記憶があいまいになったり、今、起こっていることが判断しづらくなるのが「認知症」です。

誰でも年齢を重ねると「認知」の力は低下してきます。私も皆さんの年齢のときのようにはっきりと物が見えなくなってきました。老眼になったのです。また、素早い動きにも反応できなくなっています。

しかし、不思議なのですが、美しいものや善きものや善き行い、あるいは真実の声のようなものを「認識」するちからは、若い頃とは比べものにならないほど確かなのです。証明できないので、何とも伝えにくいのですが、本当に美しいもの——すなわち「いのち」を宿したもの——と、「美しそう」に造られたものを、かつてよりもはっきりと感じ分けられるようになりました。

文章でも同じです。上手下手の向こうにある「真実味」のようなものの有無がはっきりと「認識」できる。「認知」の能力は低下しているのに「認識」のはたらきは、いっそう確かになっているのです。

今、年齢に引き付けて話をしましたが、年を取ったから、こうしたことが起こったというのはあまり精確ではありません。かつてよりも、自分としっかり向き合うようになったから起こったのだと思います。ただ、年齢を重ねると自分と他人をいたずらに比較することがなくなり、自分と向き合いやすくなるのも事実です。

いっぽうで、私は自分よりもずっと若い人で、自分と誰かを比べないで生きている人を知っています。皆さんに近い年齢の人もいる。

「認知」できるもののほとんどは、比べられるものです。「認知」の力――認知力という言葉もあります――は計測することができます。視力、聴力などがそうです。しかし、皆さんがどれだけ深く意味を「認識」しているのかを数値で測ることはできません。

自分をひとりだと思う前に

「対話が深まる」という表現があります。「対話が広がる」とはあまりいいません。対話をめぐる認識が深まってくると、私たちはさまざまなところで対話を感じることができます。

近代日本を代表する画家に東山《ひがしやま》魁夷《かいい》（一九〇八～九九）という人物がいます。彼には

『風景との対話』という著作がありますが——名著ですので、ぜひ、読んでみてください——、そこで彼は画家である自分にとって「風景」は見る対象ではなく対話の相手だったと書いています。彼は自分が描きたいと思ったときに絵筆を執《と》ったのではなく、風景が描けというときに描いた、とも書いています。

田中美知太郎のように対話をめぐる思索を深めた人には「手紙」もまた、対話の現場でした。「知らない人から手紙をもらうことがある。そんな時、うまい返事ができないで、すまない気持になることが多い。そういう手紙には、簡単に答えられないようなことが、いろいろ書かれているからだ」と述べ、手紙という対話をめぐってこう書いています。

> 恐らくたくさんの人たちが、それぞれ違ったところで、ひとりでは考え切れないような問題に、いろいろ思いなやんでいるのではないだろうか。それがどういう問題なのか、およそ想像がつくようにも思われるが、具体的な形では、無論、わたしには分からない。あるいは想像も及《およ》ばないものが、いろいろあるのかも知れない。そ

ういう問題を思う時、わたしはいつも自分の非力を感じる。人間は必ずしも人間を知ってはいない。わたしたちには、分からないことが多過《おおす》ぎるようにも思う。

この一節でとても印象的だったのは、「わたしに手紙を書いてよこす見知らぬ友人たちも、そういう共同の仕事に、わたしを呼び入れようとしている」という言葉です。私も物を書く仕事をしているので、知らない人から手紙が来ることがあります。私はそれにお答えすることはあまりしません。しない、というよりもできない、といったほうが精確です。それは田中美知太郎も同じだったようです。でも彼は、そうした手紙を送ってくる人を「見知らぬ友人たち」と呼ぶのです。

しかしまた他方わたしたちは、たがいに教え合ったり、話し合ったりすることによって、わたしたちの問題を、いくつか解いて来たのだと考えられる。わたしに手紙を書いてよこす見知らぬ友人たちも、そういう共同の仕事に、わたしを呼び入れようとしているのだとも言われるだろう。無論わたしは、どの問題にもうまく答えることはできない。わたしの助力《じょりょく》は、ほとんど無に近いものだと言ってもよい。しかしそれでも、わたしたちは、山道を行く時のように、たがいに呼び合うことによって、力づけられることがあるのだとも考えられる。わたしはそういう意味で、人々が話し合うことに、多くの意味を認めたいと思っている。しかしこれも、あまり簡単に考えてしまうことはできない。

ここでなぜ「友人」という言葉を使っているのでしょうか。それは彼が、自分に手紙を書いてくれる人との間にある共通の「問い」があることを感じているからです。たしかに、友とは、広い意味で人生の問いを共有している人かもしれません。そうした人とは対話が深まるのは当然です。

田中美知太郎はすでに亡くなっています。日本には、亡き人に手紙を書くという伝統があり、そこから短歌が始まったという話は先にしました。短歌とは三十一文字《みそひともじ》という姿にまで凝縮した「手紙」であり、手紙を通じた対話だったのです。

古人は歌には歌で返していました。返歌という文化がありました。そこには目に見えない、耳にも聞こえない「対話」が成立していたのです。

皆さんは、これからさまざまな問題に直面するのだと思います。希望もたくさん見出すでしょうが、もしかしたらいくつかの絶望に出会うかもしれません。そのときに、皆さんの対話の相手というのが、自分の横に人間の姿として現れてくるとは限らない。

絶望の支えになるのは、生きている「友」とは限りません。生きている友人に助けを得ることができなかったからといって、絶望を深める必要はないのです。

私たちには歴史という豊かな遺産がある。歴史のなかに自分の対話の相手を見つけていかなければならない場合がある。別ないい方をすれば、自分はひとりだと思う前に、皆さんは歴史のなかに友を探すことができるのです。

他者に自分を開く

古代ギリシアにプラトンという哲学者がいたことは先にふれました。田中美知太郎はこのプラトンの研究で、日本で一番優れている人物です。世界史などでプラトンのことを習ったかもしれません。

すべての哲学はプラトンと無関係ではあり得ない。それほど大きな影響を後世に残した人です。この人の師がソクラテス（ＢＣ四六九〜ＢＣ三九九）です。そして、プラトンの弟子のなかでもっともよく知られているのがアリストテレス（ＢＣ三八四〜ＢＣ三二二）という人物です。プラトンを含めたこの三人の出現で、哲学の基盤は整ったといってよいと思います。

プラトンは、師ソクラテスを主な語り手とした著作を多く残しています。それらは主に「対話体」――「対話篇」と呼ぶこともあります――で書かれています。プラトンは、哲学の深みは、誰かが一方的に話す言葉ではなく、「対話」のなかに生起する、と考えました。

もちろん田中美知太郎も対話の精神を重んじています。対話を実現させようとするときの注意点をめぐって彼は次のように書いています。

わたしたちは、自分だけの考えを大切にすると共に、また自分だけの思いにふけることをやめなければならない。そのためには、いつも疑問や抗議に対して、戸が開かれているような、話し合いの場をもたなければならない。それには、わたしたちだけでなく、もっと何か遠いところにいる者を、わたしたちの話し合いの聞き手に呼んで来なければならない。むかしの人たちは、ひとりいる時にも神と共にあり、集会にも遊戯《ゆうぎ》にも神の臨席《りんせき》を仰《あお》いだと言われるが、わたしたちも、ひとりで自分だけの考えを追求する時にも、また人々と議論する時にも、何か真実なるもの、善美なるもの、聖なるものを、遠くに凝視していたいと思う。

この文章を初めて読んだのは、十六歳のときでした。この人の文章によって、私にとって対話の意味が決定的に変わりました。真の対話は、人と人だけでなく、そのあいだに大いなるものの臨席を仰がなければならないことを教えてくれました。

ここでいう「神」に向き合うとき、人は不可避的に誠実になります。人に誠実を尽くすだけでなく、いつも人間を超えた者に向き合うように対話に臨《のぞ》み、言葉を発せよ、というのです。

「対話」とは、他者に向かって自分を開こうとする営みです。自分だけで問題を解決しようとする、そうした場所から離れることでもある。自分の問題を自分だけで解決しようとするとき、私たちは自分の可能性をどんどん小さくしているかもしれないのです。

そして、他者に、世界に、あるいは歴史に向かって開かれていくということと、自己において深まっていくということが同時に起こり得る。むしろ、開かれていないとき、深まりもまた限定的だともいえると思います。気を付けないと、私たちは、自分を深めていこうと思うときに、だんだん自分の世界に閉じこもってしまう。私にもそうなりがちな時期がありました。

プラトンは弟子たちと共に哲学を深める「アカデメイア」という共同体を主宰してもいました。先にふれたアリストテレスのような人物がここに集まり、本を読むだけでなく、語り合い、ときに沈黙のうちに世界を深く感じ直す「観想《かんそう》（テオリア）」の時間を持ちました。こうした場所に集まる人々は、激しく自己探求する。その場合、ともすると自分の内側に閉じこもってしまうこともある。今日の言葉でいえば独善的になる可能性がある。

プラトンが哲学の原点を対話においたのは、ソクラテスが、どこまでも対話を重んじる人物だったこともあるでしょうが、自分の後に続く人を育てるという観点からも「独語」ではなく「対話」が実現する「場」を開こうとしたのでしょう。

ここでいう「場」とは、目に見える空間でもありますが、目に見えない地平のようなものでもあることが分かります。「場」は目の前にもありますが、「眼」で「観る」世界、リルケのいう「内界」にも広がっています。だからこそ、「内なる対話」という言葉が生まれてきたのだと思います。

第7講

対話する 2

二つの「対話」

今回は二つの著作にある文章を読んでみたいと思います。

一つは、エリザベス・キューブラー＝ロス（一九二六〜二〇〇四）の『死ぬ瞬間　死とその過程について』、もう一つは、マックス・ピカート（一八八八〜一九六五）の『沈黙の世界』です。

エリザベス・キューブラー＝ロスは、スイス生まれで、アメリカを拠点《きょてん》にして活躍した精神科医であり、思想家です。マックス・ピカートは二十世紀ドイツの哲学者です。より精確には宗教哲学者というべきかもしれません。

一見するとつながりがないように思われる二人ですが、ある一つの言葉によって、その思想は強く共振します。それは「沈黙」です。さらにいえば「沈黙における対話」と「沈黙との対話」です。

二人は、それぞれの場所から「沈黙」とは何かをめぐって思索を深め、その彼方にあるものを認識し、それを人々と分かち合おうとしました。自分で認識するだけでよいと思ったなら、二人は本を書くこともなかったでしょう。しかし、書かざるを得なかった。二人は共に、言葉を発しなくてはならない、という強い内面からの促しを感じたのです。沈黙の深い経験が、人に言葉を発することを促す。少し奇妙に聞こえるかもしれませんが、重要な言葉はしばしば、こうした経験を経て生まれてくるのです。

さて、まず、「沈黙における対話」と「沈黙との対話」を少し整理しておきましょう。「沈黙における対話」とは、沈黙のなかで言葉を用いることなく対話することです。皆さんも悩みを打ち明ける友だちと、黙ったままある時間を過ごしたことがあるかもしれません。共に語らないのに、信頼が深まるということがあります。

いっぽう、「沈黙との対話」とは、「沈黙」としか呼びようのない何ものかと私たち人間が対話することです。このことはのちに二人の言葉にふれながら考えてみたいと思います。

この二つの「対話」を感じわけるためにも、「沈黙」とは何かも考えてみたいと思います。沈黙とは何かが分からなければ、「沈黙における対話」も「沈黙との対話」もうまくいきません。それは、風のはたらきを理解しないまま、帆船《はんせん》で航海しようとするようなものです。

逆に沈黙を深く感じることができれば、沈黙の恩恵を豊かに受け、未知なる人生の扉が開けるかもしれません。

沈黙と言葉の「あわい」

ここで皆さんと考えてみたいのは、「語り」、それも単なる語りではなく、「沈黙」をめぐって思索を深めたあとの「語り」です。「語り」の新生といってもよいかもしれません。同じことを語っていても言葉の重みが変わってくるのです。

これを日常として生きている人たちもいます。それは、大きな苦労を経験した人や詩人たちです。こうした人たちが発する言葉は、素樸な言葉であっても、辞書にあるような意味とは異なる鮮やかさと奥深さを感じさせることがあります。言葉にしがたい経験のなかで、沈黙との関係を深めているのです。そして、結果的に言葉の意味を深く知り、その上で言葉を発するようになっているのです。

こうした人たちは、私たちの周りにもいます。しかし、日々の出来事に忙殺されていると、ここでいうような素樸な、しかし、意味深い言葉を素通りしてしまうのです。

マックス・ピカートは、言葉と沈黙との関係をめぐって次のように書いています。

> 言葉と沈黙とは密接不離《みっせつふり》の一体をなすものなのだ。だから、言葉は沈黙について、また沈黙は言葉について、その本質をよく識っているのである。
>
> （「まえがき」『沈黙の世界』佐野利勝訳）

言葉は沈黙のことを、そして沈黙は言葉のことをよく「識って」いるというのです。それらは、離れられない関係にあるというのでしょう。ピカートのいうとおりかもしれません。沈黙を見過ごす者は、意味の深みもまた、見過ごしがちなのです。

この授業ではずっと、「と」をめぐる話をしてきました。たとえば生と死というとき、生とは何か、死とは何かが分かったとしても、私たちにはその間にある「と」の領域に何があるのかをつかめないときがある。今、私たちが考えようとしているのは沈黙と言葉の「あわい」です。

沈黙と言葉の「あわい」を感じとることがとても大切です。そもそも、「学ぶ」とは、言葉によって、言葉になり得ないことを認識し、それを分かち合うことです。自分だけが知るのではなく、互いに知り、そして、「識る」ことを深めるのです。これが学ぶことの本質です。

それだけでなく、この「あわい」を感じようとすることは、私たちの個々の人生にも大きな影響を与えます。なぜなら、人生で起こる重大なことはしばしば、言葉にならないからです。

「亡くなりつつある人」との対話

それではエリザベス・キューブラー＝ロスの『死ぬ瞬間　死とその過程について』を読んでみます。

この本の原書のタイトルは、“*On Death and Dying*”です。「死ぬ瞬間」という言葉は原書のタイトルにはありません。英語の語感は「死と死にゆく日々をめぐって」というほどの意味になります。日本語訳の副題のほうが、原書のタイトルに近いわけです。

この本は、人間が死ぬ最期の瞬間に何を思うか、という本ではありません。

この本は、人が病気をして、亡くなっていくまでに、本人とその家族、医療従事者、あるいは部屋の掃除を担当している病院の関係者、あるいは地域の人たちが、ある人の死にどう向き合い、そこに何を見出していったのか、という問題をめぐる克明《こくめい》な精神の記録なのです。

キューブラー＝ロスは、一九二六年にスイスで生まれ、二〇〇四年にアメリカで亡くなっています。精神科医ですが、彼女の現場は、心に病を抱えた人とのあいだではなく、死に瀕《ひん》した人たちとのあいだにありました。彼女はその生涯で、文字通り数えきれないほど多くの、亡くなりつつある人と語り合いました。

「亡くなりつつある人」とは、病によっていわゆる「余命」が限られている人たちなのです。

余命宣告は、現代でもされています。キューブラー＝ロスは、単なる余命宣告には反対の立場を取る人です。「単なる」というのは、余命だけを告げ、そのほかのケアをしない、という意味です。この世の生の残り時間だけを告げて、患者を恐怖の渦《うず》のなかに突き落とすような告知の在り方に大きな疑いを持っていました。

現代医学の見地からすると、ある程度の精確さをもって余命を予測することは可能です。しかし、その予測を超える事例を彼女は幾つも目撃するのです。こうした事情は現代でも変わりません。

彼女は病名の告知には賛成の立場をとります。事実は患者とその家族に伝える。その上で、よりその人らしい死への道程を共に作り上げる、それが医療に託された真の使命である、というのが彼女の信条でした。

社会を変えた本

『死ぬ瞬間』の原著の刊行は一九六九年です。発刊されて五十年以上が経過したことになります。ですが、この本は今もなお、影響力を持ち続けています。それは素晴らしいことでもありますが、ある側面では皮肉なことでもあります。

半世紀という短くない時間が経過しているにもかかわらず、彼女が掲げた問題を私たちは、本質的には解決できていないということの証左《しょうさ》でもあるからです。

それは、人間の「いのち」とどう向き合うかという問題です。さらにいえば、死に臨むという、大きく、熾烈《しれつ》な試練にある人の「いのち」をどう支え得るのか、という問題です。

この五十年で、近代医学は目覚ましい進化を遂げました。精神医学、心理学も深化し、人間の「こころ」に関する知識も蓄積されてきました。しかし、その根底にある「いのち」とは何かをめぐる認識はまだ、十分とはいえません。

この本のもっとも大きな主題は、逝く人と残される人たちそれぞれの「いのち」がどのように「つながり」を持っているのか、そして「いのちの対話」は可能なのか、ということなのです。もちろん、可能である、という立場にキューブラー＝ロスは立っています。

皆さんは親族の方を看取《みと》ったことがあるでしょうか。親しい人を看取るとき、私たちは言葉を交わすことができないと分かっていても、その場を離れることはありません。それだけでなく、言葉を媒介にしなくても、何か通じ合うものを感じます。こうした沈黙の出来事のなかに、とても重要な何かがあるのではないか、というのが、いわば死の臨床でキューブラー＝ロスが経験した気づきでした。

この本は、単に多くの人に読まれ、人々の死生観に影響を与えただけではありません。社会のあり方を変えた本でもあります。

皆さんは、「ホスピス」を知っているでしょうか。重篤《じゅうとく》な病によって余命が限られた人たちが、なるべく穏やかに死を迎えるために過ごす場所です。ここでは積極的な治療はしません。生活の質を第一にしながら、やすらかな死を迎えることを最優先します。『死ぬ瞬間』という本が出た当時、ホスピスは、まだ、ほとんど存在していませんでした。人は病院にはいても、どこか見放されたような環境で最期を迎えなくてはならない、そうしたことが日常的に行われていました。

ここにキューブラー＝ロスは大きな疑問を抱きます。人は、最後の瞬間まで「いのち」の尊厳を持ち、自らの人生に意味を見出し、それを親しい人と分かち合うことがあってよいはずだと考えたのです。こうした意味でこの本は「死ぬ瞬間」という問題を探求したといえます。

しかし、忘れないでください。私たちもまた、今、まさに「死ぬ瞬間」を生きているのです。キューブラー＝ロスは、死を考えることほど、生を豊かにすることはないとも語ります。これは彼女だけでなく、古今東西の賢者たちが語っていることでもあるのです。

いかに死を生きるのか

この本のなかで、彼女は、亡くなっていく人にいかに学ぶかが、医療従事者のとても大切な仕事である、とも書いています。いわば、亡くなりつつある人が「教師」であり、残される人は「学ぶ人」なのです。

今、世界にはホスピスが多くあります。この本が世界中で読まれることで、人はいかに生きるかだけではなくて、いかに死んでいくのかもとても重要な問題であると考えるようになりました。

キューブラー＝ロスは、医師であると共に広い意味での教育者であり、思想家でした。彼女によって「死の哲学」「死の実践学」というべきものが始まったといってよいと思います。今ではDeath Education（死の〔準備〕教育）という言葉もあります。

先ほどdyingという言葉が原書のタイトルにある、という話をしました。しかし、考えてみると、すべての人は、着実に死に向かって生きています。まさに確実にdyingしているのです。これが現実です。ですが、私たちはなかなか、そのことに気が付きません。しかし、私たちがそれに気が付くか否かと、私たちがどのように死を迎えるかは、ある意味関係がないのです。

「人はいかに生きるべきか」という問題には、多くの人が関心を払います。しかし、キューブラー＝ロスはそれと同じく、「いかに死を生きるのか」という問題も深めていかなくてはならない、というのです。

人は思うようには生きられません。大災害はいつも、この厳しい現実を私たちに突きつけます。大切な人といつまでも一緒に生きていたい。誰もがそう願う。しかし、どんなに強くそう願っても、別れは必ずやってくるのです。

　この厳粛な事実を受け止めながら生きていく。そこに、これまでとは異なる地平が開かれてくる。それが、キューブラー＝ロスが、亡くなりつつある人に学んだことでした。

言葉を超えた経験

　さて、言葉と沈黙の問題に戻りましょう。この本のはじめにキューブラー＝ロスは、言葉と沈黙をめぐるじつに興味深い言葉を残しています。

> 　死とその過程について本を書いてみる気はないかと訊《き》かれたとき、私はじつにやりがいのある仕事だと思い、ふたつ返事で引き受けた。ところが、いざ腰を据《す》えて、自分はいったい何をしようとしているのかと考えたとたん、事態は違ったふうに見えてきた。どこから始めたらいいのか。どこまで書いたらいいのか。この本を読む

見知らぬ人たちに、どれだけのことが語れるだろうか。死に瀕《ひん》した患者たちと共にした経験をどれだけ伝えられるだろうか。多くのことは言葉によらずに伝えられる。それを感じ、経験し、見ることはできても、言葉にすることはできないのではないか。

（「はしがき」『死ぬ瞬間　死とその過程について』鈴木晶訳）

『死ぬ瞬間』を書いてみないかと誘われたとき、とても意味がある仕事だと思った。だが、とても困ったことに直面した。重大な経験のほとんどは、言葉を超えたところで起こったものだった、というのです。

この記述は、キューブラー＝ロスの思想を考えるときにきわめて重要です。こうした問題がありながら、彼女は生涯、本を書き続けました。著述家としての人生を始める、その地点から、彼女は言葉によって言葉たりえないことを語ろうとしているのです。

「聞く」ことが人を変える

さて、先に述べたように、『死ぬ瞬間』は、亡くなりつつある人とキューブラー＝ロスとその周囲にいる人たちとの対話をもとにして生まれています。この対話は、医療従事者の関心から始まったのではなく、「患者」たちの声にならない強い希望でもあったというのです。

> 患者たちの反応は病院スタッフとはおよそ対照的だった。私たちの訪問を喜んでくれ、驚くほど積極的に迎え入れてくれた。セミナーへの参加を頼んだ患者で、きっぱり断ったのは二パーセントにも満たなかった。インタビューした患者は二百人を超えたが、自分の病気の重さや末期疾患《しっかん》が引き起こす諸問題、あるいは死ぬことの恐怖について口を閉ざしたのは、一人だけだった。

ここでキューブラー＝ロスは、亡くなりつつある人は語りたいと思っている。自分のなかに芽生えている何かを人々と分かち合いたいと思っていると書いています。聞き手になる相手がいないと、人は話すことができません。皆さんもそうでしょう。

いま私は皆さんに話をしていますが、皆さんがいなければ話ができません。また、人は読み手がいなければ、書くことが難しいものです。こうしたとき、私たちにできることは、亡くなろうとしている人を励ますことよりも、よき聞き手になることです。

苦しむ人を目の前にすると、何か解決につながるようなことをいわなくてはならない、そう思ってしまうことがあるかもしれない。しかし、キューブラー＝ロスは、よき聞き手になることは、よき助言に勝るとも劣らないはたらきを持つ、と考えています。

ある場面において「聞く」とは、人の心、さらにいえば、その人の「いのち」を愛しむことに直結する。不思議なことですが、「聞く」という立場に立つだけで、その人が発する言葉が、通常はなかなか突破することのできない「関係の壁」を突き破ることがある。先の言葉のあとにキューブラー＝ロスはこう続けています。

> 他の患者はみな、自分に関心をもってくれる人と話し合えることを喜んでくれた。ほとんどの患者はまず最初にそれとなく私たちを試した。死ぬ直前の数時間について、あるいは最期の看取りについて、本当にいやがらずに話してくれるのか、その

点を確かめておきたかったのである。自己防衛のために自分のまわりに張り巡らした高い柵《さく》を、だれかに突き破って欲しかったのだ。心の奥底では、実際に直面している恐怖や非現実的な不安感ですっかり参っていたから、表面的な話でお茶を濁《にご》す必要がないとわかって、ほっとしたのである。多くの患者は最初の面談から、堰《せき》を切ったように反応した。積もり積もった感情をすっかり吐き出して、面談が終わったときには、晴れ晴れとした表情になっていた。

「聞く」という一見すると受け身に見える行いが、乗り越えられないと感じていた壁——キューブラー＝ロスは「柵」といいます——を突破するほどのちからになるというのです。

　こうしたときに「聞く」人は、言葉だけに耳をそばだてているのではありません。言葉の背後にある沈黙の語りを聞き取っています。その人が語ったことの奥にあって、言葉にならないものの重みを感じとろうとしているのです。亡くなりつつある人が感じている「高い柵」を壊すのは、「沈黙における対話」だというのです。

キューブラー＝ロスは、言葉を超えた沈黙のちからをめぐって次のようにも述べています。

> 多くの患者は、死とか死の過程という言葉はけっして使おうとしない。使わなくても、話の中身はいつも死のことである。セラピストに洞察力があれば、タブーになっている言葉を使わずに質問や悩みごとに答えられるし、十分に患者の力になることができる。

死につつある人にとっての一番の問題は、もちろん「死」です。しかし、沈黙を分かち合うことができれば、私たちは、「死」という言葉を使わないで、「死につつある人」と対話を深めることができる。

生きている人は誰も死を知りません。知らないのにもかかわらず、この世界は「死」を語る言葉に満ちています。「死」とは何かを考えるとき、私たちは「沈黙」のちからを借りなくてはならないのかもしれません。

さらにいえば、死を語るときに、死という言葉を使ったがために、とても表層的になることさえある。死を考えるとき、死という言葉を扉にしてしまうからこそ、大きな壁にぶち当たってしまうことが少なくないのです。

沈黙をあいだにした信頼

こうなると「沈黙」とは何かを考える意味は一段と深くなります。沈黙は、単に言葉がないところに生まれるのではない。沈黙とは、声や音が発せられない状態ではない。それを超えるものである、とマックス・ピカートはいいます。

> 沈黙は、単に人間が語るのを止めることによって成り立つのではない。沈黙とは、単なる『言葉への断念』以上のものである。つまり、沈黙とは、人間が都合次第でおのが身をそこへ移し置くことの出来るような単なる一つの状態ではなく、それ以上のものなのだ。
>
> （「まえがき」『沈黙の世界』）

ピカートのいうとおり、あるいはキューブラー＝ロスが感じたように、沈黙とは、単に言葉がない状態以上のことを指すのだとしたら、そこに言葉を超えた意味があったとしても不思議ではありません。そして、そこには言葉では受け止めることのできない意味があるかもしれないのです。

しかし、私たちは日頃、沈黙よりも、何が表現されているのかに関心を寄せがちです。何が語られなかったのかよりも、何が語られたのかに注目します。そうした認知に留まっている状態は、二人の観点からすれば、実に多くのものを見過ごしている、ということになるのでしょう。

実は、私たちも、日々、沈黙のはたらきを身近に感じながら生活をしています。そもそも、私たちが誰かと対話したいと思うのは、何か言葉にならないおもいが心に宿ったときではないでしょうか。

そして、実際に友人なりに会う。そのときも私たちはいいたいことのすべてをいいません。あるところまでいえれば、よしとする、ということが多いのではないでしょうか。

なぜ、いわないのにそれでよい、と思えるのか。それは相手が自分の沈黙を意味あるものとして受け止めてくれたのが分かるからです。

そのいっぽうで、現代社会では、いわば、沈黙をあいだにした人と人との信頼がゆらぎ始めているのも事実です。私たちは、あまりに語られたことに限定し、理解し、これまでの表現でいえば、認知を認識にまで深めないまま、分かったと思い込むこともあります。

人は分かってもらえないと思うと多弁になります。言葉に言葉を重ねる。今、世の中はインターネット上に象徴されるように、言葉であふれています。しかし、言葉の量が、そのまま意味の深みへとつながっているかというと、そうともいえないのではないでしょうか。

皮相な言葉が流れては消える。大切なことも、そうでもないことも情報の洪水のなかで見分けがつかなくなっているという側面があることも否定できません。

人を支えているもの

世の中は表現されたものであふれています。それらを前にして、表現し得ないものを感じる。こうした秘められた可能性を踏まえて、沈黙がどこからはじまるのか、というピカートの言葉を読んでみましょう。「なるほど、言葉が終るところでは沈黙がはじまりはする。しかし、沈黙がはじまるのは、なにも言葉が終るからではない」と書いたあと、彼はこう続けます。

> 沈黙は、言葉が終るときに、明瞭《めいりょう》に意識されるだけのことである。
> 沈黙は一つの独自の現象なのだ。
> だから、沈黙は言葉の放棄《ほうき》と同一のものではない。沈黙は決して、言葉が消失したあとに取り残されたような、見すぼらしいものではない。沈黙は或《あ》る種《しゅ》の全《まった》きもの、自己自身によって存立する或るものなのである。沈黙は言葉とおなじく産出力

を有し、言葉とおなじく人間を形成する。ただ、その程度が違うだけである。
　沈黙は人間の根本構造をなすものの一つなのだ。

言葉を発するのを止める、そこに沈黙が生まれるのではない。人はそうした営みを経て、ようやく沈黙を発見するのである、というのです。今、私は皆さんに向かって話をしています。そして黙る。ここに沈黙が生まれるのではない。沈黙があるから、私は言葉を発し得るんだ、とピカートは考えています。それだけでなく、沈黙を感じなければ話すこともできない、というのでしょう。

さらにピカートは、沈黙は言葉に依存していない。そんな「見すぼらしいものではない」ともいうのです。

これは私たち自身の内にある「語らざる自己」のありようともとても深く共鳴します。「沈黙は人間の根本構造をなすものの一つ」とピカートがいう通りなのです。この「語らざる自己」こそが、人間を根底で支えているものなのです。

自他ともに認知できる「私」の奥に、語らざる「わたし」がいる。そして、その「わたし」が「私」を支えている。こうしたことを人は、時折、感じながら生きているのではないでしょうか。

語らないのは、語るべきことがないからではなく、語るにはあまりに大きく、そして深い問題があるからだ、ということは私たちにもあるのではないでしょうか。

しかし、「わたし」はずっと沈黙しているだけではありません。ときに耳に聞こえる「声」とは異なる方法で私たちに語り掛けてきます。しかし、私たちは忙しくしていると、なかなか「わたし」の声に気が付くことができません。忙しさだけでなく、心配ごとなどで心がざわついているときもうまくいかない。「私」が「わたし」を黙殺するのです。先の一節で「言葉の放棄」と記されていたのが「黙殺」です。「沈黙」は、その対極にあるのです。

ピカートがいう「沈黙」は、見て見ぬふりをするといった「無視」や「黙殺」とはまったく関係のないものです。むしろ、キューブラー＝ロスやピカートにはたらきかけたように、深いところから、開かれたかたちでの表現を促すものなのです。

言葉が新生するとき

「表現」に似た言葉に「表出《ひょうしゅつ》」というものがあります。「表出」には何か隠していたものを出す、という語感があります。この違いを感じ直してみましょう。

私があることに怒りを覚えているとします。そのときに「怒りを表出した」というと、私がある人に怒鳴ったり、あるいは暴力をふるう、というイメージが湧きます。

しかし、「怒りを表現した」というとどうでしょう。ある人は、私が「怒り」と題する詩や絵画を創作した、と感じるかもしれません。

皆さんに身に付けてほしいのは真の表現力です。表出の方法ではありません。表出が、表現へと変貌していくためにどうしても必要なもの、それが沈黙なのです。

自分の身に引き寄せて考えてみましょう。世の中で不正義と感じられるようなことがあったとします。

単に「怒り」を表出しないで、詩や絵画に昇華《しょうか》させるには、ある「時」と「沈黙」を欠くことはできません。単に言葉の用い方や絵の描き方を知っているだけでは表現はできません。

先に「時のちから」が重要であることは学びました。さらにここに「沈黙のちから」を折り重ねたいと思うのです。

何かを表現しようとするとき、私たちは「沈黙との対話」を経なくてはならない。ここでの沈黙は、言葉を語らない世界そのものであり、過去の自分であり、ときには亡くなった誰かかもしれません。ある人にとってそれは、神仏のような超越的存在であるかもしれない。

そうした目に見えない他者との対話は、言語である言葉を、言葉の殻《から》からひっぱりだして「コトバ」にし、そして、コトバを「言葉」として新生させるのです。この「言葉」は、見た目には、言語である言葉と同じように見えるかもしれない。しかし、実感される意味においてはまるで違うものなのです。

こうした新生した言葉にふれるとき、私たちは、「言葉の重み」を感じるのです。

本当の「つながり」

「時」と「沈黙」が重要だということが分かった。それだけではまだ「認知」の段階です。私たちはそれを「認識」に深めていかなくてはなりません。「時」と「沈黙」と深い関係を持ち、「つながり」を確かなものにしていかなくてはならないのです。

単に知っているというだけでは関係は生まれません。そこにある「かかわり」が必要なのです。「かかわり」は「関わり」とも「係わり」とも書きます。

からだの関節という言葉に用いられているように「関」は、あるものを目に見えるようにつなぐことを意味します。しかし、「係」は「系譜」の「系」の文字が入っているように見えない「つながり」も含意しています。つまり、何かと関係を持つというのは、可視的なかたちだけでなく、不可視なかたちでも「つながり」を持つ、ということになります。

沈黙とのつながりを深くするためには、沈黙との関係をさまたげるものとは何かを考えてみるのも一つの方法です。

たとえば、皆さんとこれから一分間黙ってみるとします。そこで私の携帯電話が突然鳴るとする。すると皆さんはすごく嫌な感じがすると思うんです。今やっと沈黙の深みを感じ始めたのに、沈黙が中断される。こうして突然に何か「うるさい」ものが介入してくると沈黙との関係がとぎれます。

しかし、皆さんも経験があると思いますが、騒音が多い街中を歩いているときでも、心にある静けさを感じることがあります。私たちは何を「うるさい」と感じるかによって、世界の感じ方がずいぶん違うのです。

電車で、幼い子どもが大きな声でお母さんに話しかける。ほめてもらおうと思って、駅の名前を次々にいう、そんな場面に遭遇したことがあるでしょうか。

ある人にとってこれは「うるさい」ものです。電車で本を読んでいる人のなかには沈黙との関係が破られたと思う人もいるかもしれません。私も、学生時代や働き始めの頃は、そう感じることがありました。

しかし、今はまったくそう感じません。むしろ、何かとても喜ばしいもの、さらにいえば美しいものにふれるような感じがします。本を読むのを止めて、そこに見入ることもあります。

何が変わったのでしょう。

今、私は大学の教員ですが、かつては自分で起業した会社を経営していました。ある日、その同僚が、自分の子どもを会社に連れてきたのです。私は自分の家族がありませんから、とても新鮮な経験でした。母親である同僚と子どもの信頼関係が目に見えるように感じられたのです。それだけでなく、子どもこそ、未来そのものであるという事実が、理屈を超えて、私の胸に飛び込んできたのです。

こうした感情が湧くと同時に、自分にもまた幼い日があったことも、想い出されてきます。私もまた、小さなとき、多くの人に迷惑をかけながら育ってきた記憶が一気によみがえってきました。

つまり、同僚の子どもとの出会いによって、子どもという未来の象徴と、忘れていた過去の自分という、見失っていた二つのものとの「つながり」を取り戻したのです。

こうした経験をすると、世界はもうかつてのように感じられることはありません。かつては沈黙との出会いを妨《さまた》げていた存在が、豊かな沈黙へと導く扉へと変化したのです。子どもの元気な声を聞きながら、不思議と私の心は穏やかです。そして、あるときはお母さんの語らない労苦さえ、うっすらと感じられることがあります。

これで皆さんとの授業は終わりです。

もし、私と皆さんが、本当に「つながる」ことができたら、今日は終わりの日ではなく、新しい関係の始まりの日になるかもしれません。この教室で、こうして対面していなくても、沈黙のうちに、ある問いにおいて「つながる」ことができるのかもしれません。

真に「つながる」ことができた人間のあいだには、いつも創造的な問いがあります。この「問い」こそが、待ち合わせ場所なのです。

この七回の授業を通じて、私は皆さんの言葉だけでなく、コトバからもたくさんの問いをもらいました。それは私にとって、本当に誇らしいことです。皆さんは、授業を聞き、参加してくれただけではないのです。一人の人間に生きる誇りを与えてくれたこともまた、忘れないでください。
それでは、これで授業を終わります。ありがとうございました。

おわりに

　これまで何冊の本を出したか分かりませんが、この本はなかでも特別な一冊です。書き終えたとき、かつて感じたことのない充足感を感じました。それは達成感とはまったく異なるもので、この本に語り手として、あるいは書き手として参加できたことを心から光栄に思ったのです。

　この本のもとになった筑波大学附属中学校での七回の授業では、私が一方的に話していたのではありません。参加してくれた生徒たちは、一度はみんなの前で声を発したと思います。

もちろん、人はもっとも深く考えていることは言葉になりませんから、発言しない人に問いがないのではありません。むしろ、この本の「いのち」は、生徒たちの言葉にならないおもいと苦しみなのかもしれません。

真摯《しんし》に生きるものは、その瞬間に苦しみを背負うことになります。もちろん、苦しみだけでなく、朽ちることのない喜びや自分であることの誇りも同時にわが身に宿します。こうした目に見えない若者たちの人生との格闘は、私にどれほど大きな影響を与えたかしれません。

生徒たちはいろんなことを自発的に行ってくれました。詩歌をつむぐ人、小説を書く人、そして、多くの人が、自分の愛する詩を十余編集め、自らの詩をそこに添え、世界にただ一つの手稿のアンソロジーを作ってくれもしました。ある生徒が、詩の賞に応募して大賞を受賞するということもありました。

こうした授業の外で生まれた「つながり」は言葉に尽くせないほどの衝撃と熱情を与えてくれました。今もその火は燃えています。

原稿を整えているとき、世の中はコロナ禍のまっただなかでした。最初はなかなか言葉にならなかったのですが、あるときから生徒たちの顔がはっきりと浮かんできて、彼、彼女らにむかって語るように書けました。

授業が実現するためには、多くの方の助力をいただかなければなりませんでした。筑波大学附属中学校の小林美礼先生、細川李花先生、岡田幸一先生には、文字通り筆舌に尽くしがたいほどお世話になりました。深く御礼申し上げます。

ＮＨＫ出版の白川貴浩さんには、学校側との調整をはじめ、本書の言葉に息を吹き込み「読み物」になるまで伴走してもらいました。

校正・校閲は、牟田都子さんにお願いすることができました。校正・校閲によってはじめて、書かれた言葉は姿を整え、世に出る準備を整えます。

装丁は、水戸部功さんに担当いただけました。この本の可能性をかたちにしてもらえたと感じています。

信頼できる人と出会えるだけでなく、こうした試みをともにできることは稀有《けう》なることです。この場を借りて、出会いをもたらしてくれた何者かにも、心からの謝意を送りたいと思います。

二〇二〇年六月十二日

若松英輔

本書は二〇一九年六月〜二〇二〇年二月に、筑波大学附属中学校で行われた講義をもとに書き下ろしたものです。

装丁　水戸部功
本文設計　長田年伸
校正　牟田都子
編集協力　藤平泰徳
編集　白川貴浩

若松英輔　わかまつ・えいすけ

１９６８年新潟県生まれ。批評家、随筆家。東京工業大学リベラルアーツ研究教育院教授。慶應義塾大学文学部仏文科卒業。２００７年「越知保夫とその時代　求道の文学」にて第14回三田文学新人賞評論部門当選、２０１６年『叡知の詩学　小林秀雄と井筒俊彦』（慶應義塾大学出版会）にて第２回西脇順三郎学術賞、２０１８年『詩集　見えない涙』（亜紀書房）にて第33回詩歌文学館賞詩部門、『小林秀雄　美しい花』（文藝春秋）にて第16回角川財団学芸賞、二〇一九年に第十六回蓮如賞を受賞。著書に『イエス伝』（中央公論新社）、『生きる哲学』（文春新書）、『悲しみの秘義』（ナナロク社、文春文庫）、『種まく人』『詩集　愛について』（以上、亜紀書房）、『詩と出会う　詩と生きる』『ＮＨＫ出版　学びのきほん　考える教室　大人のための哲学入門』（以上、ＮＨＫ出版）など多数。

14歳の教室　どう読みどう生きるか

２０２０年７月25日　第１刷発行
２０２３年２月５日　第４刷発行

著者　若松英輔

発行者　土井成紀
発行所　ＮＨＫ出版
〒１５０-００４２　東京都渋谷区宇田川町10-3
電話　０５７０-００９-３２１（問い合わせ）
　　　０５７０-０００-３２１（注文）
ホームページ　https://www.nhk-book.co.jp

印刷　大熊整美堂
製本　ブックアート

Printed in Japan　ISBN978-4-14-081820-6 C0095